रिश्तों के गलियारों से

पायल धाबलिया

Copyright © Payal Dhabalia
All Rights Reserved.

ISBN 979-888569295-3

This book has been published with all efforts taken to make the material error-free after the consent of the author. However, the author and the publisher do not assume and hereby disclaim any liability to any party for any loss, damage, or disruption caused by errors or omissions, whether such errors or omissions result from negligence, accident, or any other cause.

While every effort has been made to avoid any mistake or omission, this publication is being sold on the condition and understanding that neither the author nor the publishers or printers would be liable in any manner to any person by reason of any mistake or omission in this publication or for any action taken or omitted to be taken or advice rendered or accepted on the basis of this work. For any defect in printing or binding the publishers will be liable only to replace the defective copy by another copy of this work then available.

यह किताब मैं अपनी पूजनीय मम्मीजी

'जसुमति धाबलिया'

को समर्पित करती हूँ।

क्रम-सूची

क्रम-सूची

प्रस्तावना

'रिश्तों के गलियारों से' मात्र एक किताब नहीं बल्कि हमारे जीवन की एक परछाई है,जीवन का आईना है।हम सभी अनेक रिश्ते निभाते है उनमें बहुत प्यार तो होता है लेकिन कभी- कभी गलतफहमी,अहंकार ,बेरुखी या समय न दे पाने की वजह से इनमें कुछ तकरार आ जाती है।ये रिश्ते हमारे जीवन के मजबूत स्तंभ होते है।इन्ही रिश्तों पर आधारित कुछ कहानियाँ आपको इस किताब में पढ़ने मिलेगी। सरल बोलचाल की भाषा के साथ लिखी कहानियों का एकमात्र उद्देश्य है कि हम इन रिश्तों का सम्मान करें और जीवन को और खूबसूरत बना सकें

भूमिका

'रिश्तों के गलियारों से' लघु कथाओं के इस संग्रह में आप कुछ ऐसे लम्हों की तस्वीर देख पाएंगे जिन लम्हों ने आपके जीवन में भी दस्तक दी होगी। पति-पत्नी, भाई-बहन, सास-बहु, ननद-भाभी, माँ-बेटे जैसे कई रिश्तों से जुड़ी खट्टी मीठी यादें सहेजे ये किताब आपको जरूर पसंद आयेगी ऐसा मुझे विश्वास है।

पावती (स्वीकृति)

मेरे लिखे शब्द पहले कहानी बने और कहानियों ने मिलकर एक पुस्तक का रूप लिया।ये पुस्तक का सारा श्रेय मैं अपने कुछ खास शुभचिंतकों को देना चाहती हूँ जो न केवल पहले दिन से मेरे साथ थे बल्कि अब भी मेरे लेखन पर उनकी प्रतिक्रिया आती है। प्रीति, जिन्हे मुझसे ज्यादा मुझपर विश्वास था उनकी प्रेरणा से आज मैं खुद पर विश्वास करने लगी।कविता ,जो हमेशा मुझे और अच्छा लिखने को प्रेरित करती रही।पूजा, जिन्होने मुझे यकीन दिलाया कि मैं किताब भी लिख सकती हूँ।केशा,जो हमेशा से चाहती थी कि मैं किताब लिखूं। दीपाली का सबसे ज्यादा आभार मानती हूँ क्योंकि उनके बिना शायद किताब लिखने का सपना पूरा नहीं सकता था।

मेघना और श्रद्धा जो मेरी बचपन की दोस्त जो सात समंदर दूर से मुझे निरंतर लिखने के लिए लगभग डांटती रहती है।

मेरे कुछ खास दोस्तों को शुक्रिया कहना जरूरी है क्योंकि मैंने इन्हें शुरुआती समय में अपनी कहानियों से बहुत बोर भी किया था लेकिन वे फिर भी मुझे और अच्छा लिखने को कहते रहे।शिल्पा, रोहिनी,शुभ्रा,नीलू, हेतल,मृदुला और मीनाक्षी।आप सभी को मैं दिल से धन्यवाद करती हूँ।आशा है कि आगे भी आपका साथ मिलता रहेगा।

1

जीवन का संघर्ष

आज बैंक में कुछ अलग ही रौनक थी। सभी कर्मचारी समय से पहले पहुंच गए थे और सभी ने बहुत अच्छे कपड़े पहन रखे थे।

शर्मा जी बैंक में केक लेकर दाखिल हुए और बोले.." जी मैं ले आया केक ।कही देर तो नही हुई न??"

नलिनी ने अपना काला पर्स किनारे रखते हुए कहा.."नही , नहीं शर्मा जी सही समय पर आ गए है आप।अभी बस मैनेजर साहब आने के बाकी है।"

तभी लाल गाड़ी बैंक के सामने रुकी । बैंक मेनेजर अनिल चौधरी ने सूट बूट पहन बैंक में प्रवेश किया।उनके आते ही सारे कर्मचारियों ने उन्हें गुडमॉर्निंग किया।

चौधरी जी केबिन में जाते जाते पूछने लगे .." नलिनी जी सब इंतजाम हो गए न ?? "

नलिनी ने खड़े होकर कहा." जी,सर सब हो गया।"

सभी को अब नंदिनी का इंतजार था।

नंदिनी अपनी बेटी पलक के साथ रिक्शे से बैंक आ रही थी।

नंदिनी और पलक जैसे ही बैंक के पास पहुंचे वैसे ही नंदिनी ने कहा.." देखा,कितनी देर हो गई।और आज न जानें क्यों तूने मुझे ये साड़ी पहनाई।तुझे तो पता है ना मुझे ये सब पसंद नही।जा अब जल्दी से तू तेरे ऑफिस जा देर हो जायेगी।"

पलक ने माँ का हाथ पकड़ा और कहा.." मम्मी,आज मैने छुट्टी ली है और आज मैं आपके साथ बैंक आऊंगी।"

ऑटो ठीक बैंक के सामने रुका।

नंदिनी ने ऑटो वाले से छुट्टे पैसे वापिस लिए और अपने पर्स में रखते हुए बोली.." तू मेरे साथ ??क्यों??? देख हमारे मेनेजर बहुत स्ट्रिक्ट है ।उन्हे ये सब पसंद नही ।"

मां बेटी की बातों को बीच में ही विराम देते हुए बैंक के सिक्योरिटी गार्ड मनोज ने कहा.." अरे! नंदिनी मैडम आने दीजिए ना बिटिया को ।"

नंदिनी का हाथ थामकर पलक बैंक के अंदर गई।

सभी लोगो ने तालियों से नंदिनी का स्वागत किया।

नंदिनी को कुछ समझ नही आ रहा था कि क्या हो रहा है।

नलिनी ने शर्मा जो को इशारा करके केक और गुलदस्ते लाने कहा।

मैनेजर ने फूलों का गुलदस्ता नंदिनी को देते हुए कहा.."बधाई हो नंदिनी जी आज इस बैंक में आपने दस साल पूरे कर लिए।"

नंदिनी ने अपनी नम आंखों से मैनेजर के हाथ से वो गुलदस्ता लिया ।फिर सभी ने उसे बधाई दी और फिर नलिनी ने उसे केक काटने को कहा।

नंदिनी को बहुत संकोच हो रहा था इसलिए मैनेजर ने पलक को मां के साथ खड़े रहने कहा।

पलक ने मां के साथ केक काटा और मां को केक खिलाया ।शर्मा जी बोले बेटी पलक कुछ बोलोगी नही?

नंदिनी और सभी पलक को देखने लगे और पलक ने एक लंबी गहरी सांस भरी और बोली...." सबसे पहले तो मैं आप सभी को धन्यवाद करना चाहूंगी कि आज मां के लिए आप सबने इतना कुछ किया। दस साल पहले की नंदिनी और आज की नंदिनी में जमीन आसमान का फरक है।पापा की अनायास मृत्यु हम सभी के लिए एक सदमे की तरह थी ।मैं नौवीं में थी और मेरी बहन आठवीं में ।मेरी मां तब कभी अकेले घर से बाहर नहीं जाती थी, बैंक के चेक साइन करना तो दूर कभी अपना बैंक खाता भी नहीं देखती थी।अकेले आना जाना तो उन्हे पसंद ही नही था। उनकी जिंदगी बस पापा और हम दो बहने थी।पापा अक्सर कहते थे

मम्मी को ...बाहर के काम सीखो न जाने कब जरूरत पड़ जायेगी.... ,पर मां कह देती आप है ना..."

" मेरी मां ने जिसने कभी कंप्यूटर नही सीखा था आज वो सैकड़ों लोगों के अकाउंट देखती है।कभी पॉलिसी में साइन करते जो औरत डरती थी वो आज रोज कई बार कई कागज़ात पर साइन करती है।

पापा के जाने के बाद जब सभी रिश्तेदार अपनी अपनी जिंदगी में व्यस्त हो गए तब मां ने आत्मविश्वास के साथ घर की पूरी बागडोर संभाली।बैंक में पापा की जगह पर मां को नौकरी मिली। मां ने शुरू में बहुत संघर्ष किया।आप लोगो के साथ से वे सबकुछ जल्दी ही सीख गई।लेकिन ये सब आसान नहीं था। मां रोज सुबह टिफिन बनाकर पापा को देती थी अब खुद टिफिन लेकर आती है।पापा की मृत्यु के बाद की कई राते मां सोई नहीं लेकिन एक दिन नया सवेरा हुआ और उन्होंने खुद को संभाल लिया।"

पलक ने अपनी नम आंखों से अपनी मां को गले लगा लिया।

नंदिनी भी अपने आंसू नहीं रोक पा रही थी।

सभी ने तालियों से उन्हे हिम्मत दी ।

कुछ देर रुककर पलक अपने काम पर चली गई और नंदिनी सोचने लगी कि मेरी बेटियों ने मेरा कितना साथ दिया , कितनी समझदार है दोनो।दोनो बेटियों की पढ़ाई स्कॉलरशिप मिलने की वजह से आसान हो गई और पलक के पास भी एक अच्छी नौकरी है।उसे एक बार को फिर लगा काश,पलक के पापा साथ होते ,वो तो एक गृहणी बनकर खुश थी,बाकी सब वही देखते और मैं बस अपना घर ।लेकिन बीच रास्ते में ही वे हमसे अलग हो गए । फिर अतीत को स्मृतियों से बाहर आकर पुनः बैंक के काम में लग गई।

2

लोरी की धुन

सफेद कोट पहने डॉक्टर तारिका ने आकर जैसे ही अनूप को बताया कि रीमा ने स्वस्थ बेटी को जन्म दिया,और रीमा बिल्कुल ठीक है, वैसे ही अनूप अपनी बड़ी दीदी अवनी के गले लग गया। दीदी की आंखे खुशी के आंसुओं से भर आई और उन्होंने अनूप को बधाई दी और सीधे वहां पर रखी गणपति जी की मूर्ति के सामने जाकर नतमस्तक हो गई।अवनी बोली.." बहुत बहुत धन्यवाद भगवान ! आपका आशीर्वाद सदा परिवार पर बनाए रखना।" साथ ही अपने मोबाइल पर अपनी मां की तस्वीर देख बोली.." मम्मी,सब अच्छे से हो गया ।तुम चिंता मत करना।मैं हूं ना।

अनूप दौड़कर रीमा के पास गया और बोला.." कैसी हो?? "

रीमा ने मुस्कुराते हुए कहा.." मैं ठीक हूं,लेकिन दीदी कहा है???"

तभी अवनी ने आकर रीमा से कहा.." यही हूं,कैसी हो ..?? बहुत बहुत बधाई ।"

अनूप अपनी बेटी को हाथ में लेकर निहारे जा रहा था।

तभी कमरे में रीमा के ससुर और उसकी बड़ी बेटी शिवि आ गए।

शिवि अपनी छोटी बहन को देखकर कुछ भावुक सी हो रही थी।अपनी छोटी बहन के कोमल मुख को स्पर्श कर रही थी।

ससुर जी ने रीमा को बधाई दी और बोले.." कैसी हो बेटी?? "

अवनी ने अपने पिता के हाथ से थैली ली और गोंद के लड्डू, उबाला हुआ पानी और कुछ कपड़े आदि रीमा के पास ही जमाकर रख दिए।

सभी छोटी सी गुड़िया के पास थे।

अवनी बोली.." अरे! चलो सब बाहर चले ,रीमा को थोड़ा आराम करने दो।

नर्स भी आ गई और सबको बाहर जाने को कहा।

करीब तीन दिन तक रीमा के लिए घर का खाना,बेबी के लिए जरूरत का सामान अवनी ही लाती और खूब ध्यान रखती।

रीमा को अस्पताल से डिस्चार्ज मिल गया।अनूप ने रीमा और नन्ही मेहमान का बहुत ही सुंदर स्वागत किया।

अवनी ने रीमा का कमरा उसकी सुविधा के अनुसार सजा दिया।बच्ची और मां के लिए मालिश वाली भी तय कर ली। रीमा का खाना भी कम तेल मिर्च का बनाती।रीमा के कहने से पहले ही सब कुछ तैयार रहता।

रीमा को अपनी बड़ी बेटी की भी चिंता करने की जरूरत नही होती। अवनी और अनूप उसे संभाल लेते।

रीमा का छोटा भाई उसे मिलने आ गया। घर पर सभी बहुत खुश थे और अवनी ने रीमा के भाई का बहुत अच्छा स्वागत किया।

सभी दोपहर का खाना खाकर बैठे थे कि तभी रीमा का भाई बोला.." रीमा , पापा ने तुम्हारे और गुड़िया के लिए ये सब भेजा है। तुम तो जानती हो कोरोना के चलते उनके लिए लंबा सफर ठीक नही था।"

अनूप बोला.." हां,सही किया ।इस उमर में इतना लंबा सफर और वो भी इस समय बिल्कुल ठीक नही था।"

भाई ने रीमा से मजाक में कहा.." और रीमा बता किसके जैसी बनाएगी अपनी छुटकी को?? "

रीमा ने अपनी बेटी को गोद में लिया और अवनी दीदी को देते हुए बोली.." हमारी छुटकी बिलकुल अपनी बुआ जैसी बनेगी।"

ऐसा सुनते ही अवनी की आंखे भर आई ।

रीमा ने कहा.." दीदी,आप मुझे माफ कर दीजिए।मैं नादान थी ।मैने ना जाने क्या कया कह दिया था और आपने मां बनकर मेरी देखभाल की।"

अवनी ने रीमा को गले लगाया और बोली.." अरे! ऐसे मत कहो।तुमने जो कुछ कहा था वो भी तुम्हारी दृष्टि से ठीक था।

अनूप को याद आया कि पिछले वर्ष जब कोरोना के चलते उसकी मां का निधन हो गया तब,उसके कुछ समय बाद ही रीमा के

गर्भवती होने का समाचार मिला ।तब रीमा ने कहा था कि उसे बच्चा नहीं रखना क्योंकि उसे डर था कि पूरे ९ महीने कौन उसके साथ रहेगा।उसकी मां तो पहले ही नहीं थी बस बुजुर्ग पापा और एक छोटा भाई था,अब सास भी नही रही ,ऐसे में घर,बेटी को कौन संभालेगा।

तब अवनी ने कहा था.." अरे! सब हो जाएगा।तुम चिंता मत करो रीमा।"

रीमा ने तपाक से कहा था.." रहने दीजिए दीदी,आप तो दो चार दिन में पल्ला छाड़ लेंगी।ननद तो मायके आराम करने ही आती है।मम्मी जी होती तो कुछ सहारा रहता।अब कैसे होगा।"

अवनी ने रीमा को समझाया .." मैं आती जाती रहूंगी और अनूप भी घर से ही काम कर लेगा।रसोई के लिए अच्छी कुक लगा लेंगे और फिर सातवे महीने में मैं यही आ जाऊंगी। सब हो जाएगा ।विश्वास रखो।"

रीमा ने कुछ देर बहस भी की लेकिन अनूप के समझाने पर वह मान गई थी।

इन नौ महीने में रीमा को कभी कोई परेशानी नहीं हुई अवनी ने सबकुछ अच्छे से संभाल लिया था।

सबको वो पुरानी बात याद आ गई थी।

तभी सब अतीत की स्मृतियों से बाहर आए जब शिवि जोर से बोली..." अरे सब ऐसे उदास क्यों हो रहे हो देखो ना बेबी का झूला भी आ गया है चलो चलो बेबी को झूले में सुलाए।

सभी के चेहरे पर मुस्कान आ गई और रीमा ने अवनी से कहा .." दीदी ,आप ही बेबी को सबसे पहले झूले में सुलाइए।"

अवनी ने भी दिल से अतीत के कटु शब्दों को भुला दिया और नन्ही परी को झूले में झुलाने लगी और वही लोरी गुनगुनाने लगी जो उसकी मां सदा गया करती थी।

वो लोरी सुनते ही सभी की नजर दीवाल पर लगी अवनी की मां की तस्वीर पर पहुंच गई जिसे देख लगता था कि मां खुश है और सबको आशीर्वाद दे रही है।

3

घर का आंगन

घर आंगन फूलो से महक रहा था। महिलाएं सोलह श्रृंगार कर कामों में और बातों में व्यस्त थी।घर में उपस्थित कुछ पुरुष फोन पर

लगे हुए थे तो कुछ आपस में हसी मजाक कर रहे थे।

आज अवनी की छोटी बहन रेवती का विवाह संपन्न होना था। रेवती कद में ऊंची थी,गोरा रंग, सुंदर नाक नक्श,एकहरा शरीर बिल्कुल चांद का टुकड़ा ही समझ लीजिए। पढ़ाई लिखाई में भी अव्वल थी। बड़ी बहन अवनी रेवती से कुछ दूर ही थी आज।

घर पर आए रिश्तेदारों से भी नजरे चुरा रही थी रेवती।समाज चाहे जितना आगे बढ़ जाए लेकिन आज भी महिला को महिला नही बल्कि सुहागन,विधवा,या तलाकशुदा जैसे शब्दो से जाना जाता है। रेवती b समाज के बनाएं शब्दों को अनसुना करना चाहती थी ।

अवनी के विवाह में भी रेवती ने पूरी तैयारी तो की लेकिन सामने आने से कतराती रही। रह रहकर उसे प्रमोद की याद आती रही।इसी तरह रेवती ने सात फेरे लिए थे और जीवनभर साथ निभाने की कसम खाई थी। लेकिन विवाह के मात्र तीन वर्ष में ही प्रमोद ने रेवती का साथ छोड़ दिया और रेवती मायके आ गई।

छोटी बहन अवनी ने अपना जीवन साथी पहले ही चुन लिया था। अवनी अपनी बड़ी बहन के दुख से दुखी तो थी लेकिन पापा मम्मी के कहने पर उसने विवाह के लिए हा कर दी थी। अवनी चाहती थी कि रेवती

दूसरी शादी कर ले।लेकिन रेवती प्रमोद को भुलाकर आगे बढ़ने के लिए तैयार नहीं थी।

अवनी की विदाई के साथ ही घर में एक सूनापन सा आ गया।पिता एक बेटी के विदा से इतने दुखी नहीं थे जितना कि बड़ी बेटी के मायके में इस तरह रहने से आहत थे।

रेवती की अच्छी नौकरी थी वो किसी पर भी निर्भर नही थी।इसके पिताजी ने भी अपनी विल में अपना घर दोनो बेटियों के नाम पर कर दिया था।

रेवती ऑफिस में अपना काम कर रही थी कि एक फोन आया कि उससे मिलने कोई आया है।

रेवती ने अंदर भेजने को कहा।

रेवती अपनी कुर्सी में बैठी थी और तभी केबिन के दरवाजे पर दस्तक हुई।रेवती चौकी और खड़ी हो गई और बोली.." अरे! आप दोनो यहां?? मुझे बुला लिया होता।आइए ना ,बैठिए।"

उसके सामने उसके सास ससुर थे।

प्रमोद की मां ने रेवती से कहा.." हमें माफ कर दो रेवती।हमने तुम्हारे साथ बहुत बुरा किया था और तुमने .."

प्रमोद के पिता ने भी रेवती से कहा.." बेटी जो हुआ भूल जाओ,वो घर भी तुम्हारा है।"

रेवती ने कहा.." मम्मी जी,पापा जी आपको माफी मांगने की कोई जरूरत नहीं।रहा सवाल घर का तो मैं इतना कमा लेती हूं कि अपना खुद का घर भी ले सकती हूं।आपने जो किया वो आपने मेरे साथ गलत करने की नीयत से नही किया बल्कि दीदी के लिए किया। जो शायद ठीक भी था।"

पिताजी बोले .." बहु, उस दिन जब तुम्हे प्रमोद को जीवन बीमा राशि का चेक मिला तब हमे लगा की ..."

रेवती बोली..." आपको लगा कि मैं वो ८० लाख खुद रख लूंगी..! है ना...ऐसा नहीं था पापाजी। मैं जानती थी कि मुझसे ज्यादा उन पैसों की जरूरत दीदी को थी।उनका इलाज जरूरी था,उनके लिए किडनी मिल पाना केवल पैसो से ही संभव हो सकता था लेकिन आप लोगो को मुझपर

यकीन नही था।प्रमोद होते तो वे सबसे पहले दीदी का ही सोचते फिर मैं कैसे उनके पैसे ले लेती?? लेकिन गलती आपकी नही थी बस वो वक्त गलत था। दीदी, जीजाजी और आप दोनो शायद मुझे प्रमोद की पत्नी तो समझते थे लेकिन अपना नही मानते थे ।देखिए ना मेरे खुद के पापा ने भी अपनी प्रॉपर्टी की विल तैयार कर ली जिसमे मेरा हिस्सा मुझे दे दिया। एक लड़की जब मायके में होती है तो पिता की जिम्मेदारी होती है जिसे वे पराया धन समझकर ही बड़ा करते है और जब शादी करके ससुराल जाती है तब पति की जिम्मेदारी बन जाती है और ससुराल वाले उसे पराए घर की बेटी मानते है। पति के बिना पत्नी की जगह ससुराल में नही होती और शादीशुदा लड़की मायके के आंगन में नही चहकती।"

" बेटी,तुम्हारी ननद अब ठीक है और वो तुमसे मिलना चाहती है।तुम्हारा धन्यवाद करके तुमसे माफी भी मांगना चाहती है । उस दिन हम सबने तुमसे बहुत बुरा बर्ताव किया ,तुम्हे अपशब्द कहे। यहां तक कि प्रमोद की मृत्यु की वजह भी तुमको बता दिया।" रेवती की सास ने कहा।

" मम्मीजी पापाजी मैं सब कुछ भूल गई हूं।आप लोग भी भूल जाइए।दीदी को भी मिलने आऊंगी।" रेवती ने कहा।

रेवती के सास ससुर वहा से चले गए और रेवती बस एक टक सामने रखी प्रमोद की तस्वीर को देखती रही।

4

जिम्मेदारी की समझ

आनंद सोसायटी की तीसरी मंजिल पर ३०२ नंबर के फ्लैट में आज रोज की ही तरह बहस की आवाज़ पड़ोसियों के कानों में जा रही थी।

"आपके पास कब होते है पैसे ये बताइए... आठ साल हो गए शादी को ,आजतक न ही कहीं घुमाने ले गए ,ना कोई गहने दिए ,ना कोई ढंग की साड़ी दी। मेरे शौक तो मैं ही पूरे करती हूं ना,अब बच्चे का भी मैं देखू??? बिलकुल नहीं ।तुम जल्दी से पांच सौ रुपए दो।दो सौ रुपए डॉक्टर की फीस,२०० की दवाई और सौ रुपए जाने आने का लग ही जाएगा। "अश्विनी ने ऊंचे स्वर से अपने पति अजय से कहा।

" अरे!! तुम्हारा यही राग हर बार चालू हो जाता है,शादी के तुरंत बाद ही अपना घर खरीदना जरूरी था,तुम्हे किराए के घर में तो नही रखता ना. हर महीने लोन का हफ्ता भरना जरूरी है ना.! पिछले महीने तुम्हारे चचेरे भाई की शादी में बहुत खर्चा हुआ हमारा, सिर्फ लोगो को दिखाने में ।इसलिए अभी कुछ हाथ तंग है।आज अंकुर को डॉक्टर के पास ले जाओ।नही तो खासी बढ़ जाएगी।मैं दे दूंगा तुम्हे पैसे बस!" अजय ने पत्नी के सामने हाथ जोड़ते कहा।

" अंकुर को तो ले ही जाऊंगी न,मां हूं उसकी ।लेकिन तुम कब एक पति और एक पिता का फर्ज निभाओगे?? रिश्तो की कमी नही थी मुझे,ना जाने मैने तुमसे शादी क्यों की।" रसोई की तरफ जाते जाते अश्विनी बड़बड़ाने लगी।

करीब एक सप्ताह बाद अश्विनी की सहेली ममता उसके घर आई और पूछने लगी

" और अश्विनी बता कैसे चल रहा है तेरे चादर और रजाई का बिजनेस?"

" एकदम बढ़िया चल रहा है, अभी तो ऑर्डर भी खूब है।समय नही मिलता बिल्कुल।" अश्विनी ने चाय का कप देते हुए कहा।

" अगले महीने अपनी माधवी की बेटी की शादी है ना, तूने साड़ी ली क्या??सहेली ने पूछा।

"अरे! मैंने बताया था न ,पिछले हफ्ते ही ली मैने।रुक दिखाती हू।" अश्विनी साड़ी लेकर आई और सहेली को दिखाने लगी।

" अरे! ये तो बहुत सुंदर है,कितने की है?? भाईसाहब ने दिलाई होगी..." ममता ने कहा।

" अरे!! ये क्या दिलाएंगे...इनकी तनख्वाह इतनी कम है कि मेरे शौक पूरे नही होते।ये तो मैंने अपनी कमाई से ली है। ये देख इसके साथ ये वाला सेट भी लिया।शादी में अच्छा दिखेगा न...!" अश्विनी ने कहा।

" हा,ये सब बहुत अच्छा है ।मैं तो वो नीली वाली साड़ी ही पहन लूंगी।ममता ने कहा।

" अरे! तू भी तो कमाती है ना,ले ले न एक साड़ी।सबके सामने वही पुरानी साड़ी पहनेगी।सबने देखी है।हर बार रिपीट क्यों करती है।मैं तो नही करती ।मैने तो इनको कहा है कि मेरे खर्चे मैं उठा लूंगी,लेकिन मेरी कमाई का एक रुपया भी घर में नही दूंगी।" अश्विनी ने साड़ी को एक तरफ रखते कहा।

" अश्विनी,ऐसा नहीं है कि पति कोशिश नही करते और मुझे तो खुशी है कि मैं इतनी लायक हूं कि घर चलाने में मैं इनकी मदद कर पाती हूं आखिर घर तो दोनो का है ।जिम्मेदारी भी दोनो की ।फिर क्या तेरा क्या मेरा। मैं और ये तो बेटे पराग की पढ़ाई के लिए पैसे जमा करते है।दिखावे के लिए तो पैसे कभी पूरे नही पड़ेंगे। " ऐसा कहकर ममता अपने घर जाने के लिए उठ गई।

उसके जाते ही अश्विनी बड़बड़ाने लगी.." बहुत ज्ञान बांटने लगी है आजकल।अरे! मैं अपना खर्च खुद उठाती हूं क्या ये कम है। पति का

काम है पैसा कमाना और क्या.. हम्म्म..बड़ी आई मुझे समझाने।

करीब छः महीने बीत गए। अश्विनी अपने काम में व्यस्त थी कि तभी उसके भाई का फोन आया .." दीदी, दी... वो पापा को हार्ट अटैक आया है और वो अस्पताल में है।तुम और जीजू जल्दी आ जाओ।"

अश्विनी ने तुरंत अजय को बताया और वे सब लोग तुरंत निकल गए।

मायके पहुंचते ही अश्विनी अपनी मां के गले लग खूब रोई और फिर बोली.." मम्मी,आप चिंता मत करो,सब ठीक हो जायेगा।"

तभी भाई आया और बोला.." हा ,मम्मी आप परेशान मत हो,सबसे अच्छे अस्पताल में है पापा,सब ठीक होगा।"

" बेटा, डॉक्टर की फीस...???" मां ने चिंता दिखाई।

" वो , मां मैं कर रहा हूं हो जायेगा...।" बेटा बोला।

तभी अजय ने उसके हाथ में पचास हजार रुपए रखे और कहा.." पापा को कुछ नही होगा।तुम ऑपरेशन के पैसे भर दो।"

अश्विनी ने आश्चर्य से अजय की तरफ देखा और बोली.." ये पैसे..?"

अजय ने धीरे से कहा.." अश्विनी मैं हर महीने कुछ पैसे ऐसी इमरजेंसी के लिए जोड़ता था,आज यहां जरूरत थी इसलिए ले आया।"

अश्विनी को शर्मिंदगी हो रही थी।अभी वो अजय से कुछ कहती कि तभी उसकी भाभी कामिनी आई और अश्विनी के भाई के हाथ में एक लिफाफा देते बोली.." आप पापाजी के इलाज में कोई कमी मत करना ,ये कुछ पैसे है आप रखिए।"

अश्विनी को याद आया कि कैसे तीन साल पहले उसकी सास की तबीयत खराब थी और अश्विनी ने तब भी पति को एक पैसे की मदद नही की।बचत के नाम पर एक रुपया नही था उसके पास ।बस जितना कमाती अपने रूप श्रंगार में खर्च कर देती।आज उसे अपनी गलती का एहसास था।

अश्विनी के पिताजी ठीक हो गए और घर आ गए।अश्विनी की मां ने अपनी बहु कामिनी को गले लगाकर कहा.." तुम्हारी जैसी समझदार पत्नी और बहु सबको मिले।"

अश्विनी के पिता जी अजय से बोले.." बेटा आपने सचमुच बहुत मदद की।"

अजय बोला ." क्या पापा आप भी.. बेटा कहकर ऐसे क्यों बोलते है ,ये तो मेरा फर्ज था।"

अश्विनी और अजय दो तीन दिन रुककर घर आ गए।

अश्विनी ने अजय से कहा.." आप मुझे माफ कर दीजिए।मैं अपनी जिम्मेदारी भूल गई थी। घर की गाड़ी तो पति और पत्नी दोनो को मिलकर चलानी चाहिए।आज से मैं भी आपका साथ दूंगी।बचत भी करूंगी और बेफिजूल की खर्चे नही करूंगी।"

5

घर संसार

दुबई के आलीशान घर के खूबसूरत बगीचे में जब सागरिका पौधों को पानी दे रही थी, तब एक तरफ घर पर बच्चों की आवाज़ थी और दूसरी तरफ पतिदेव सुरीले गीत सुन रहे थे तब पास रखे उसके फोन की घंटी बजी और उसने फोन उठाया और बस......एक सन्नाटा सा हो गया।

सागरिका बेसुध सी वही गिर पड़ी। बच्चों ने दौड़कर अपने पापा को आवाज़ दी और फिर तुरंत अस्पताल ले जाया गया।

करीब दो घंटे बाद उसे होश आया और चीखी...." माँ............ "

" सागरिका शांत हो जाओ।देखो तुम्हारी तबियत खराब हो जायेगी।हम जल्दी ही इंडिया जायेंगे " कहते हुए पति नीरव ने सागरिका को समझाया।

" नीरव....नीरव मेरी माँ...नीरव माँ चली गई...क्यों?? नीरव मुझे माँ के पास जाना है।....माँ....मत जाओ माँ...मुझे छोड़कर मत जाओ...तुम्हारी गुड़िया कैसे जायेगी...माँ.."

ऐसा कहते हुए उसने नीरव को कसकर पकड़ लिया और उसकी आंखें लाल हो गई ,आवाज कांपने लगी,गला सूख गया ।

अगले ३६ घंटो में सागरिका कुछ सामान्य हुई और सभी इंडिया आ गए।

घर के अंदर जाते ही ऐसा लगा मानो दरवाजे पर माँ खड़ी इंतजार कर रही है लेकिन वहा तो पापा एक कुर्सी पर बेजान से बैठे थे।

सागरिका उनके गले लग खूब रोई...

पिताजी ने बेटी को कहा .."बेटी, देख तेरी माँ कैसे चली गई। मैं तो यही सोचता रहता था कि मेरे बिना तेरी माँ कैसे जिएगी लेकिन अब तू बता मैं कैसे जियूंगा????"

" पापा, आप अब हमारे साथ चलिएगा ।हम सब है ना.. " नीरव ने सागरिका और अपने ससुर को दिलासा दिया।

सागरिका अपने माता पिता की इकलौती संतान थी।

अभी उसकी माँ ६० वर्ष की थी और पूर्ण रूप से स्वस्थ थी ।बस अपेंडिक्स का एक छोटा सा ऑपरेशन था और ऑपरेशन के दौरान ही उन्हें दिल का दौरा पड़ा और सबकुछ छोड़कर चली गई।

सागरिका रसोई में पहुंची तो देखा हर साल की तरह इस साल भी माँ ने अचार,पापड़ और साल भर के सारे मसाले,गेहूं, चावल, दाल ,शक्कर सबकुछ भर लिए थे।वो अक्सर कहती थी कि रसोई में सब कुछ भरा पूरा होना चाहिए ।कोई कमी नही होनी चाहिए।सारे स्टील के डिब्बे करीने से जमाए थे।प्लास्टिक के कुछ छोटे और पारदर्शी डिब्बे थे जिसमे लौंग,इलायची,काली मिर्च,जायफल आदि खड़े मसाले रखे थे।ताकि समय पर जल्दी से दिख जाए।

फ्रिज के दरवाजे पर हर बार की तरह कपड़ा था वो कहती थी कि दाग न लगे इसलिए कपड़ा लगाना अच्छा।

सागरिका ने भीतर जाकर स्टोर रूम देखा तो पाया कि माँ ने कुछ दो बड़ी बैग भरकर बर्तन रखे थे । पिछले हफ्ते फोन पर बता रही थी कि बर्तन अलग करके स्टोर रूम में रख दिया है इस बार जब इंडिया आओगे तब तुम्हारे हाथों से किसी जरूरतमंद को दिलवा देंगे। अब हमारी गृहस्थी और कितनी बड़ी करें ...तेरे पापा और मेरे लिए तो कुछ बर्तन ही काफी हैं, यह सारे बर्तन अच्छे हैं और ना तेरे काम आएंगे तो अच्छा है किसी और के ही काम आ जाए। तू आएगी तब इन बर्तनों को की किसी जरूरतमंद को दे देंगे। यह सोच उसकी आंखों से आंसू छलक उठे। उसे कहां पता था कि माँ ऐसे छोड़ कर चले गए चली जाएगी।

ड्रॉइंग रूम के सोफे और उनपर रखे छोटे से पांच कुशन ।माँ पापा से बहुत बार कहती थी कि सोफे के कुशन को ठीक से रखो।अखबार पढ़कर

यहां वहां रख देते हो।जगह पर रखो।

आज मेज पर चार दिनों के अखबार बस यूंही पड़े थे।सागरिका ने उन्हें उठाया और किनारे रख दिए।

सागरिका ने खुद को संभाला और ऊपर की तरफ सीढ़ियों से जाने लगी उसे याद आया कि माँ अक्सर कामवाली को सीढ़ी अच्छे से झाड़ने और पोछने के लिए कहती है और यदि वह नहीं करती तो स्वयं ही कपड़ा लेकर लग जाती। मां को बहुत अच्छा लगता था कि उनका घर साफ दिखे।

मां के कमरे के भीतर जाने की सागरिका की हिम्मत ना हो लेकिन फिर भी उसने हिम्मत जुटाई और अंदर गई।पर कमरे में कोई परिवर्तन नहीं था शायद पिताजी भी मां के जाने के बाद उस कमरे में नहीं आए थे।

बिस्तर पर वही हल्की गुलाबी रंग की चादर जो मां का पसंदीदा था बिछी हुई थी ।पास के टेबल पर सागरिका और उसके परिवार की फोटो थी।

फोन पर मम्मी अक्सर कहती थी... काश! तू पास में होती तो रोज मिल पाती तुझसे। अब इतनी दूर है कि बिस्तर के सिरहाने ही तेरी तस्वीर रहती है उसे ही देखकर लगता है कि तू पास है।"

सागरिका ने वह फोटो हाथों में ली और फिर एक बार जोर से रोने लगी और बोली...." काश !!!! मैं तुम्हारे पास रह पाती। काश! तुम इतनी जल्दी छोड़कर ना चली जाती हमे।"

सागरिका ने मां की अलमारी खोली। अलमारी में वही चाबी का छल्ला था जो कभी मां के कमर में बधा रहता था।

मां कहती कि ..."अरे !यह तो दिखाने भर के लिए है ,लेकिन मुझे शौक है इसलिए कमर में लटकाए रहती हूं।"

अलमारी खोलते ही मां की कई साड़ियां मानो मां की परछाई बनकर सागरिका से कुछ बातें करने लगी।

कभी लाल साड़ी, तो कभी मां की पसंदीदा पीले रंग की साड़ी ,किनारे वह साड़ी भी रखी थी जो सागरिका उनके लिए पहली कमाई से लेकर आई थी। मात्र 200 की ही साड़ी थी लेकिन माँ हमेशा ऊपर रखती थी।

उसके लिए बहुत मुश्किल था अपनी मां की यादों से बाहर निकलना, लेकिन वह जानती थी कि यदि वह कमजोर पड़ गई तो पिताजी को कौन संभालेगा।

सागरिका ने जब दूसरी अलमारी खोली तो उसमें उसने देखा एक छोटा सा बक्सा था जिसमें सागरिका के बचपन के कुछ खिलौने थे और कुछ कपड़े थे जिसे मां ने बहुत सहेज के रखे थे।

सभी चीजों को वह अपने हाथों से छू रही थी और अपनी मां के स्पर्श को महसूस करती जा रही थी।

घर की एक एक दीवार मानो उसे मां की याद दिला रही थी। अभी उसे लगता है कि माँ नीचे से आवाज देगी और कहेगी गुड़िया नीचे आकर खाना खा ले तेरी पसंद की सब्जी बनाई है।

अक्सर ऐसा ही होता जब भी इंडिया आती,माँ के कमरे में रहती और माँ उसके लिए बहुत प्यार से उसकी सारी फरमाइश पूरी करती थी।

लेकिन आज कोई आवाज नहीं थी बस कुछ सिसकियां सुनाई दे रही थी ।वह भी पिताजी की। नीचे बैठे पिताजी गुमसुम से थे। नीरव उन्हें समझा रहे थे लेकिन पिताजी यही कहते जा रहे थे कभी नहीं सोचा था कि ऐसे चले जाएगी।

सागरिका ने खुद को मजबूत किया और नीचे आ गई उसने पिता जी से कहा...." मां कहीं नहीं गई है पिताजी ... पापा अब हमें अपने आप को संभालना होगा... बेशक वह हमारे हमारे पास नहीं है ,लेकिन हमारे साथ हमेशा है ।

एक औरत अपनी गृहस्थी से कैसे दूर हो सकती है????यकीन नहीं होता पापा कि मां ने अपनी 40 साल की गृहस्थी में कितना कुछ संजोया।"

तभी पापा बोले.." हां, बेटा एक आदमी तो पैसा कमाता है मकान तो खरीद लेता है लेकिन उसे घर बनाती है एक औरत।"

सागरिका मौन रहकर घर में बसी अपनी माँ की महक को महसूस कर रही थी ।

6

चार हिस्से

"मां यहां साइन कर दो। " भावेश ने अपनी 62 वर्षीय मां से कहा।

" भावेश किस बात के काग़ज़ है और मेरे साईन क्यों चाहिए??" मां ने आश्चर्य से पूछा।

" अरे! बताया तो था आपको ,ये पुश्तैनी घर बेचना है ।ताकि हम तीनों को अपना हिस्सा मिल जाए और सब शांति से अलग अलग रहे।" भावेश ने कुछ गुस्से से कहा।

" अच्छा, लेकिन खरीददार मिल गया??अभी कुछ दिन पहले तक तो कोई मिल नही रहा था .." मां ने पूछा।

" हा, एक बड़ा बिल्डर है ,वो पास ही एक बड़ी बिल्डिंग बना रहा है उसे हमारा ये घर पसंद आ गया है। वो इसे तोड़कर सात मंजिला बिल्डिंग बनाना चाहता है।उसका भी फायदा होगा और हमे अच्छे दाम भी दे रहा है।" भावेश ने बताया।

".....सौदा कितने में किया ...?" मां ने अपने घर को देखते हुए पूछा।उनकी आंखे नम हो चुकी थी।

" अस्सी लाख में हुआ..पैसे मिलते ही तीन हिस्से कर लेंगे।फिर कोई परेशानी नहीं होगी।"भावेश पेन मां को थमाते हुए कहा।

" तीन हिस्से क्यों ...???हिस्से तो चार होने चाहिए.... " पास ही खड़ी ताइज़ी बोली।

ताई जी भावेश के घर के पास ही रहती थी।करीब पांच साल पहले उनके घर का भी सौदा हुआ था।

" अरे! भाभी आओ ना बैठो।" भावेश की मां दमयंती जी ने कहा।

" मां आप साइन करो जल्दी।फिर बहुत से और भी काम है।" भावेश ने जल्दबाजी दिखाई।

" भावेश , मां को सोचने दे ,कल साइन करवा लेना।" ताई जी ने पेन भावेश को वापस देते हुए कहा।

" भाभी,साइन आज करू या कल, बात तो एक ही है और मुझे क्या समझ आएगी ये सब बाते।आपके देवर जाते जाते इस घर को मेरे नाम कर गए थे इसलिए मेरे साईन चाहिए वरना मेरा क्या काम इन सब बातो में?? "

दमयंती जी बोली।

" हा, वो सब ठीक है लेकिन एक दिन के बाद करेगी तो कुछ बिगड़ थोड़ी जायेगा। जा भावेश तू जा।तेरी मां कल साइन कर देगी।" ऐसा कहकर ताई जी ने भावेश को भेज दिया।

भावेश के जाते ही दमयंती जी बोली .." भाभी क्या बात हो गई ? आपने साइन क्यों न करने दिया? और आपने ऐसा क्यों कहा चार हिस्से होंगे??"

" दमयंती , मेरी आप बीती से मुझे सबक मिला है इसलिए तुझे बता रही हू।घर तो हमारा भी बिका था और आए पैसे दोनो बेटो और बेटी के बीच तीन हिस्से में बट गए ।मुझे भी लगा था कि मैं क्या मांगू अपना हिस्सा ...रहना तो इन दो बेटो के साथ ही है।

दमयंती ,सच कहूं तो यही सबसे बड़ी गलती कर दी थी मैने। पैसे आते ही बड़े ने आलीशान घर बनवा लिए,छोटे ने नया धंधा शुरू कर दिया और बेटी दामाद ने भी एक प्लॉट खरीद लिया। दोनो बेटो ने एक फूटी कौड़ी भी मेरे हाथ में नही दी ।तब से मैं कभी बड़े तो कभी छोटे के घर रहती हू। वो अच्छे से ही रखते है मुझे,... लेकिन ..."ऐसा कहते कहते ताई जी फफक फफक कर रोने लगी।

दमयंती जी पानी का गिलास ले आई और बोली " भाभी ,अरे! रोइए मत आप।आपके बेटे तो बहुत अच्छे है। सब ठीक ही तो है ।भाभी फिर

आप रो क्यों रही है??"

"दमयंती ,कितने किस्से कहानियों में पढ़ा है कि अपने जीते जी अपना पूरा का पूरा पैसा बच्चो को नही देना चाहिए लेकिन एक मां का दिल ऐसा होता ही कि उसे तो लगता है कि उसके बच्चे ऐसा कुछ नही करेंगे लेकिन सच कहूं तो लोग सच कहते है।मैंने भी सारे पैसे तीनो में बाट दिए और खुद खाली हाथ रह गई ।आज जब कुछ लेना हो या मेरी दवाई मंगवानी हो या मेरा कोई इलाज हो तो दोनो बेटो के मुंह बन जाते है।अरे वो तो हिसाब करते है कि कब किसने कितना खर्चा मुझपे किया। यहां तक कि दीपावली की साड़ी का भी हिसाब रखते है। कानों में तो ऐसी बाते भी पड़ती है कि जब बहुएं कहती है कि सास को कुछ दिन ननद के घर छोड़ आओ ,बराबरी का हिस्सा मिला है उनको ।तब ऐसा लगता है कि मानो मैं कोई ऐसा सामान हू जिसको न वे फेक पाते है ना रख पाते है बस मेरे मरने का ही इंतजार करते है। इसलिए कहती हू कि दमयंती मैने जो गलती की तू मत करना। कागज पर साइन तब ही करना जब पैसों पर चार हिस्से हो।बेशक तू अपने बेटो के साथ रहना लेकिन तेरे बैंक में पैसे होंगे तो तुझे तेरे लिए खर्च करने के लिए सोचना तो नही पड़ेगा।चाहे फिर चार धाम यात्रा हो या तीज त्योहार पर कपड़े लेने हो या किसी शादी ब्याह में जाना हो।"

" भाभी, आपने ये सब बाते मुझे पहले क्यों नहीं बताई??" दमयंती जी ने पूछा।

" घर की बात करती तो जग हसाई होती । तुझे इसलिए नहीं बताया क्योंकि तू भी तो यही सोचती न कि जेठानी बाहर तो रोब झाड़ती है और घर पर ऐसी हालत है ... बस इसलिए।लेकिन जब कल पता चला कि मेरी कहानी तेरे साथ दुहराई जायेगी तब रहा नही गया इसलिए समय पर आ गई।अब तू तेरा फैसला सोच समझ कर लेना।"

रातभर दमयंती जी सोचती रही और सुबह जब तीनो बेटे उनके सामने खड़े थे तो वे बोली..." मुझे तुम तीनों पर विश्वास है कि तुम तीनों मेरा सम्मान करते हो इसलिए घर बेचने पर जो पैसे मिलेंगे उसके चार हिस्से करोगे । मेरा हिस्सा बाद में तो तुम तीनों का ही है ।लेकिन मेरे जीते जी मैं नही चाहती कि मेरी जिम्मेदारी तुम लोगो को भारी पड़े। वो

पैसे बैंक में डाल देना और हर महीने जो ब्याज आएगा उससे मेरी दवाई ,मेरे कपड़े या मेरी जरूरत का सामान मैं ले पाऊंगी ताकि किसी के भी साथ रहू तो कम से कम उसपर मेरे खर्च का बोझ न पड़े।"

" मां ,आप ऐसा क्यों कहती है?? आप कभी बोझ नहीं बन सकती ।आपने हम तीनो को इतना बड़ा किया है और आप ऐसा क्यों सोचती है कि हम कभी ऐसा कुछ सोचेंगे।" छोटे बेटे ने मां को गले लगाते कहा।

भावेश बोला.." मां सच कह रही है।अब घर के चार हिस्से होंगे। मां के हाथ में भी पैसे होने चाहिए ताकि जब उनका मन करे उन्हे किसी से मांगने के लिए हाथ न बढ़ाना पड़े।"

सबने भावेश की बात मानी।

और घर के बिकते ही उसके पैसे चारों में बाटे गए ।

दमयंती जी ने अपनी जेठानी के पास जाकर उनका शुक्रिया किया और अपने पैसों से एक सुंदर साड़ी खरीदकर उपहार स्वरूप उन्हे भेंट दी।

तब ताई जी ने अपनी देवरानी से कहा.." ये साड़ी तो मैं तेरे जन्मदिन पर पहनूंगी। "

दोनो देवरानी और जेठानी मंद मंद मुस्कुराने लगी।

7

नीयत

माता पिता के निधन के बाद आलोकनाथ और केदारनाथ दोनों भाई अलग-अलग शहरों में बस गए थे। आलोक नाथ अपने बड़े भाई होने का भी फर्ज निभाया करते और छोटा भाई केदार जल्दी पैसे कमाने के नए रास्ते ढूंढने में लगा रहता ।

आलोक ने बड़े भाई होने के नाते कई बार उसे समझाया कि ऐसे आसान रास्ते मुश्किलों में डाल देंगे ,लेकिन केदार कभी नहीं समझा।

उसे ऐसा ही लगता कि बड़े भैया अपना हमेशा हक जमाते रहते हैं ।आसान रास्ते उसे जल्दी कामयाबी तक पहुंचा सकते हैं और इसी वजह से वह कभी अपने बड़े भाई आलोक से सीधे मुंह बात नहीं करता था।

आलोक जहां कानपुर में अपनी सरकारी नौकरी करता वही केदार पास के ही एक शहर में अपने परिवार के साथ रहता था। वहां उसके न जाने कितने अलग-अलग काम चलते रहते और अच्छी आवक हुआ करती थी।

माता-पिता का पुश्तैनी घर अभी भी वैसा का वैसा था लेकिन वहां कोई नहीं रहता था लेकिन माता-पिता की यादें और दोनों भाइयों का बचपन वहां अभी भी बसता था।

आलोक कभी नहीं चाहता था कि वह घर कभी बेचा जाए लेकिन केदार की जिद थी कि उस घर को बेचकर आधा आधा हिस्सा दोनों भाइयों को ले लेना चाहिए ।

आलोक हमेशा उसे कुछ पैसे देकर यह बात टाल दिया करता कि पुश्तैनी घर को बेचना चाहिए ।

लेकिन इस बार जब केदार आया तो कुछ अलग ही रंग लेकर आया । आलोक के घर आते ही वह अपने बड़े भाई पर मानो बरस पड़ा और बोला...." भैया ,बड़े होने का ऐसा फायदा न उठाया करो। अबकी बार फैसला करके ही जाऊंगा कि आप वह घर बेच रहे हो या नहीं ।वह घर आपका नहीं है बाबूजी का घर है और बाबूजी के घर पर जितना हक आपका है उतना मेरा भी है ।"

"आपको पैसे की जरूरत नहीं होगी लेकिन मुझे है ।आप सरकारी दफ्तर में बैठकर हवा खा रहे हैं लेकिन मुझे मेहनत करनी पड़ रही हैं और मुझे अभी पैसों की सख्त जरूरत है।"

आलोक ने उसे समझाया और बोला..." केदार तुझे कितने पैसे चाहिए??? मैं तुझे देता हूं ,लेकिन बाबूजी की यादें बस्ती है इस घर में, उसमें मां का प्यार है । कैसे बेच दूं वह घर ???? तुझे जितने चाहिए उतने पैसे मैं दे देता हूं ।"

केदार ने गुस्से से कहा.." इस बार नहीं मानूंगा ।मुझे 15 या 20 हजार नहीं पूरे दस लाख रुपए चाहिए ।इसीलिए कह रहा हूं कि वह घर बेच दो ।20 लाख का तो घर आराम से चला ही जाएगा ।

दस लाख आप रख लेना और दस मुझे दे देना, लेकिन इस बार फैसला किए बगैर मैं घर वापस नहीं जाऊंगा ।"

आलोक ने उसे समझाने की नाकामयाब कोशिश की और अंत में उसे कुछ दिन का इंतजार करने को कहा।

एक हफ्ते के भीतर ही आलोक ने केदार को फोन करके बुलाया और कहा.."केदार घर का सौदा कर रहा हूं ।तू आ जा तेरे हिस्से के दस लाख लेकर चला जा।"

केदार के आते ही दोनों भाइयों ने घर के कागज पर अपने अपने साइन कर दिए और अपने माताजी और पिताजी की अमानत उनका घर बेच दिया।

लेकिन केदार को इस बात से कोई फर्क नहीं पड़ा ।उसे तो मतलब था उन पैसों से। दस लाख लेकर वह अपने घर चला गया। अपने घर जाते हैं

उसने नई कार खरीद ली। एक छोटा सा घर भी बुक करवा दिया। घर बुक कराने की खबर उसने अपने बड़े भाई आलोक को भी थी लेकिन आलोक नहीं आया।

केदार को लगा कि बड़े भाई अपने घमंड में चूर है।

दोनों भाइयों के बीच की बात लगभग बंद हो गई ।।

समय बीतने लगा ।आलोकनाथ अपने काम में व्यस्त था और वहां केदार पैसों को फिजूल में खर्च कर रहा था। कभी कोई धंधा शुरू करता तो कोई और धीरे-धीरे करके सारे पैसे खत्म हो गए ।दस लाख रुपए की रकम उसने यूं ही खर्च कर दी।

जुआ खेलने की आदत ने उसे आज फिर से कंगाली में लाकर खड़ा कर दिया। उसने अपना घर गिरवी रख दिया। अब उसे पैसों की जरूरत पड़ी, लेकिन अब किसके पास हाथ फैलाता कोई नहीं था।

पत्नी भी उसे छोड़कर अपने मायके चली गई थी ।केदार के हाथ में अब कुछ भी नहीं था ।शराब के नशे में धुत अपने घर के कोने में पड़ा हुआ था।

अगली सुबह वह अपने दोस्तों से पैसे मांगने निकला ही था कि एक ऐसी दुर्घटना हुई कि उसे अस्पताल ले जाना पड़ा। अस्पताल में बेहोशी की हालत में वह बड़बड़ा रहा था लेकिन उसके साथ ना तो उसकी पत्नी थी ना कोई दोस्त...... था तो उसका बड़ा भाई आलोक....

केदार ने अपनी आंखें खोली तो देखा सामने उसका बड़ा भाई आलोक बैठा हुआ था। आलोक को देखते ही वह बोल पड़ा भैया आप यहां पर कैसे आए??? आलोक बोला कल रात जब तूने बिना सोचे समझे इतनी शराब पी ली और उस नशे में इधर-उधर घूम रहा था और कार के साथ तेरा एक्सीडेंट हो गया तब तेरे पड़ोसी ने मुझे फोन किया और मैं यहां पहुंच गया।

तुम बिल्कुल चिंता मत करो केदार तुम्हें ज्यादा चोट नहीं लगी है। बस पैर का प्लास्टर 12 से 15 दिन में निकल जाएगा और तुम ठीक हो जाओगे।"

केदार की आंखों से आंसू आ रहे थे। वह बोला.." भैया ठीक हो भी गया तो क्या...ना कोई काम है ना ही परिवार बचा। जाऊंगा भी तो कहां

जाऊंगा??? आपसे भी ऐसी दुश्मनी मोल ले ली कि अब आपका घर भी मेरा नहीं रहा ।वह तो आप की भलमनसाहत थी कि आप यहां मेरे लिए आए। इससे अच्छा तो उस एक्सीडेंट में मैं मर ही जाता। मेरे जीने से किसी को कोई फायदा नहीं और अब तो मेरे सर पर कर्ज चल रहा है कि जो घर मैंने गिरवी रखा है वह भी बिकने की कगार पर आ गया है। "

आलोक ने उसे चुप रहने का इशारा किया।

3 से 4 दिनों के बाद डॉक्टर ने केदार को डिस्चार्ज कर दिया। केदार की पत्नी भी अस्पताल आ गई थी। आलोक ने गाड़ी में केदार और उसके परिवार को बिठाया और वे सब निकल गए।

केदार ने पूछा.." भैया हम कहां जा रहे हैं??"

आलोक ने कहा.." तू देखता जा हम कहां जा रहे हैं ।"

गाड़ी एक घर के सामने जाकर खड़ी हुई। केदारनाथ ने आंखें खोली तो उसने देखा कि वह बाबूजी के घर के सामने खड़ा था। आलोक से उसने पूछा.." भैया यह क्या बाबू जी के घर के सामने.!!!!!... यह तो हमने बेच दिया था?"

आलोक ने कहा.." केदार यह घर तूने बेचा था मैंने नहीं। तेरी खुशी के लिए मैंने यह घर अपने दोस्तों को खरीदने के लिए कहा और फिर मैंने खरीद लिया तेरी संतुष्टि के लिए। मुझे वह सब करना पड़ा।

आज से तुम्हारा परिवार यही रहेगा इस घर में। केदार ने जैसे ही घर में प्रवेश किया घर में पहले जैसी ही खुशियां मानो उसका इंतजार कर रही थी । ऐसा लगा बाबूजी और मां उसे आशीर्वाद दे रहे हैं और कह रहे हो...." केदार तेरी गलती हुई है, माफी मांग ले और आलोक की बात मान ले। वो तेरा बड़ा भाई है। वह तेरा कभी भी बुरा नहीं करेगा। तू शैतानी करेगा तो तेरा भाई डांटेगा लेकिन जब तू मुश्किल में होगा तब वही तुझे सहारा देगा।"

आज मानो बचपन फिर से लौट आया था। केदार ने आलोक के पैर छुए माफी मांगी और उसकी आंखों में आत्मग्लानि के आंसू थे और अब वह पश्चाताप करना चाह रहा था।

आलोक ने केदार के आंसू पोछे और कहा .."अब सही रास्ता अपनाना। जल्दी अमीर बनने के रास्ते हमेशा गलत होते हैं।सही रास्ते

में थोड़ी देर जरूर लगेगी लेकिन मान सम्मान जरूर मिलता है और अब तो तेरे पास बाबू जी का घर है और मां का आशीर्वाद है। बस जल्दी से ठीक हो कर सही रास्ते पर आजा और मैं तेरे साथ हूं।

8

ससुराल में पीहर

ढेर सारी साडिया सुरभि के सामने थी ,लेकिन सुरभि कुछ पसंद नही कर पा रही थी। ऐसा नहीं था कि साड़िया अच्छी नहीं थी बल्कि साडियो के दाम इतने थे कि वो सोच में पड़ गई थी।

पास ही बैठी हमउम्र लड़की के माता पिता बहुत चाव से उसके लिए साडिया पसंद कर रहे थे।

" सुरभि ,जल्दी जल्दी पसंद करो और भी काम है। मामा कब तक खड़े रहेंगे बेटा।" मामी ने आवाज दी।

" मामी ,आप ही बताइए ना कौनसी लूं?? ये सब बहुत महंगी है..." सुरभि ने धीरे से मामी से कहा।

" सुरभि, तुम ज्यादा मत सोचो।तुम्हारे दोनो मामा मिलकर खर्चा कर रहे है

। सब हो जायेगा। अब जल्दी जल्दी लो। लाल,हरी ,नीली सब ही तो अच्छी है। चलो जल्दी करो अब.." मामी ने कुछ साड़ी अलग करते हुए कहा।

सुरभि को पल पल उसकी मां की याद आ रही थी। मां होती तो शादी का हर एक सामान कितने जतन से लेती। वैसे मामा मामी सबकुछ खरीद रहे थे लेकिन वो मात्र एक औपचारिकता सा लग रहा था।

शायद वे लोग बहुत खुश थे कि अब से वे लोग सुरभि की जिम्मेदारी से मुक्त हो जायेंगे।

पिताजी के निधन के समय तो सुरभि की उम्र बहुत कम थी उसे तो उनकी कोई भी स्मृति तक नही । मामा ने पैसों से मदद की और मां ने सुरभि को बड़ा किया लेकिन दो साल पहले सुरभि ने उन्हें भी खो दिया।तब से सुरभि कभी बड़े तो कभी छोटे मामा के घर रहती थी।

शादी की तैयारिया हो गई थी।

सुरभि की बारात आ चुकी थी।सुजल को सुरभि की सादगी बहुत भा गई थी और एक ही मुलाकात में उसने सुरभि से शादी करने के लिए हामी भर दी थी।

सुरभि को दुल्हन के रूप में देख मामा मामी बहुत खुश थे।मामी ने उसे काला टीका लगाया और बोली.." सुरभि, हम तुम्हारी मां की कमी तो पूरी नहीं कर सकते लेकिन ये घर तुम्हारा है और तुम्हारे लिए तुम्हारे मायके के दरवाजे सदा खुले है।"

ये सुनकर सुरभि की आंखों से आंसू आ गए और वो उनके गले लगकर बोली.." मामी, अब भगवान जी से एक ही प्रार्थना है कि मुझसे मेरे अपनो को जुदा न करें।पहले पापा फिर मां..मैं तो बिलकुल अनाथ ...."

वो अभी अपना वाक्य पूरा करती कि तभी सुरभि की होने वाली सास कमरे में आई और सुरभि के आंसू पोछते हुए बोली.." सुरभि, खबरदार जो तुमने कभी ऐसा कुछ कहा तो... माना कि सभी को लगता है कि सास कभी मां नही बन सकती लेकिन मैं तुम्हारी मां बनूंगी।तुम्हारी फिकर करूंगी,तुम्हारी पसंद का ख्याल करूंगी और यदि कुछ गलत करोगी तो डांट भी लगाऊंगी..बोलो मंजूर है??"

सुरभि तुरंत अपनी सास के पैर छुने नीचे झुकी तो सास बोली.." बस बस....आज से बेटी बन जा ,मेरे गले लग जा ।"

ऐसा कहकर उन्होंने सुरभि को गले लगा लिया।

मामा मामी भी दिल से बहुत खुश थे कि सुरभि को बहुत भला ससुराल मिला।

मंडप में सभी पहुंच गए थे।

पंडित जी ने वर वधु को बुलाया और सुरभि सुजल ने अग्नि के सात फेरे लिए।

सुजल ने सुरभि की मांग में सिंदूर भरा और मंगलसूत्र पहनाया और उसका हाथ थामकर उसे वचन दिया.." सुरभि, मैं तुम्हे वचन देता हू कि मैं तुम्हारा पूरा सम्मान

करूंगा, तुम्हे सुखी और खुश रखने की पूरी कोशिश करूंगा। "

सुरभि ने पास ही रखी अपने माता पिता को फोटो को नमन किया और उनका आशीर्वाद लिया ।

सुरभि की विदाई हो गई और वो अपने ससुराल पहुंच गई। सास ने एक मां बनकर उसका साथ दिया और सुजल ने भी अपना वादा निभाया।

आज २५ साल बाद सुरभि की सास अपनी अंतिम सांस ले रही थी तब उन्होंने सुरभि से कहा.." सुरभि,तुमने बेटी से बढ़कर मेरी सेवा की। बस एक ही प्रार्थना है अगले जन्म तुझे अपनी कोख से पैदा करू ।"

ऐसा कहते कहते उनकी सांस टूटने लगी।सुरभि ने उनके मुख में गंगाजल की दो बूंदे डाली और उन्होंने अपना हाथ सुरभि के सिर पर रखा और आखिरी सास ली।

सुरभि जोर से बोली..." मां ...."

9

एक बार फिर

पुणे स्टेशन पर प्लेटफार्म नंबर २ पर आज लोगो की साधारण भीड़ थी।

पूर्णिमा जल्दी- जल्दी अपना सामन लिए प्लेटफार्म तक पहुंची।

हाथ में एक सूटकेस और कंधे पर एक बड़ी सी पर्स लटवाए उसने अपने मोबाइल में समय देखा और राहत की सांस ली ।

पूर्णिमा को लग रहा था कि वो लेट हो गई है, लेकिन अभी उसकी ट्रेन आने में समय था।उसने मोबाइल अपनी जींस की जेब में रखा और मैरून रंग के पर्स से उसने पानी को छोटी सी बोटल निकली और दो घूंट पानी पीकर वापिस रख दी।

प्लेटफार्म पर यहां वहा नजरें घुमा कर देखा और दोबारा अपना मोबाइल निकाल कर समय गुजारने लगी।

जल्दी ही उसकी ट्रेन आने की घोषणा हो गई और उसने अपनी सूटकेस को उठाया और अपने b4 कोच तक पहुंच गई।

ट्रेन के आते ही अपनी सीट नंबर ६० पर जाकर ,उसने सीट के नीचे अपनी सूटकेस रखी और अपना पर्स रखकर बैठ गई .।

उस बोगी में पहले से ही 2 यात्री बैठे हुए थे ।कुछ देर बाद दो-तीन लोग और आए और अपना सामान जमाने लगे ।

पूर्णिमा ने अपना फोन निकाल कर एक नंबर पर फोन किया और बातें करने लगी वह बोली...."हां, मैं ट्रेन में बैठ गई हूं ...वहां पहुंचते ही फोन कर दूंगी ।आप चिंता मत करना ।मैं रात का खाना खा लूंगी ।चलिए

अब रखती हूं।"

ऐसा कहकर पूर्णिमा ने फोन रख दिया।

फिर उसने अपने पर्स में से एक किताब निकाली और अपना चश्मा भी। जिसके कवर को पर्स में रख दिया और किताब पढ़ने लगी।

कहानियों की किताब पढ़ना पूर्णिमा को बचपन से ही पसंद था और आज भी उसे हिंदी कहानियों की किताब पढ़ना बहुत ही रोचक लगता था।

तभी किसी ने सौम्य आवाज में कहा ...." माफ कीजिएगा आप जरा पंखा का बटन चालू कर देंगी देंगी..!! "

पूर्णिमा ने नजर उठा कर देखी और देखती ही रह गई ।सामने वाला व्यक्ति भी पूर्णिमा को देख आश्चर्य में पड़ गया।

पूर्णिमा के सामने मानो अतीत आकर खड़ा हो गया हो।

पीछे से कोई आवाज आई .." अरे !भाई साहब आप तो बटन चालू कर दीजिए ना.."

पूर्णिमा ने जल्दी से पंखे की बटन की तरफ हाथ बढ़ाया और उस शख्स ने भी ।

पूर्णिमा ने झट से पंखे का बटन चालू कर दिया फिर बोली..." तुम.. यहां पर कैसे निखिल???"

5 फुट 10 इंच का लंबा कद, सांवला रंग ,सुडौल शरीर वाले निखिल ने कहा..." हां ,वो बस काम से जरा जा रहा हूं, और तुम कहां जा रही हो ???"

उसकी आवाज कुछ धीमी सी थी।

पूर्णिमा ने उसे इशारा करके बैठने को कहा और निखिल उसकी सीटें पर बाजू में बैठ गया।

पूर्णिमा ने बताया कि उसे नौकरी मिल गई है।

" यह किताब पढ़ने का शौक अभी भी नहीं छूटा तुम्हारा।" निखिल ने हंसते हुए पूर्णिमा से पूछा।

"ओह!! अब तो समय कम मिलता है। जब समय मिलता है तो कुछ पढ़ लेती हूं। ताकि दिमाग में कुछ दूसरे ख्याल ना आ सके।" पूर्णिमा ने किताब को पर्स में रखते हुए जवाब दिया।

बोगी में बाकी सभी लोग भी अपनी अपनी जगह में बैठ चुके थे । कुछ लोग अपने मोबाइल पर व्यस्त थे और सामने बैठे दंपत्ति आपस में बातें कर रहे थे। शायद कुछ लोग पूर्णिमा और निखिल की बातों को कान लगाकर सुन रहे थे।

"तुम अभी भी पहले की तरह ही सारा दिन काम करते रहते हो या कुछ समय निकालते हो खुद के लिए??" पूर्णिमा ने निखिल से पूछा।

"जिंदगी में आगे बढ़ना हो तो काम तो करना ही पड़ता है ।समय बर्बाद करके आखिर क्या मिलेगा? इसीलिए पहले की तरह ही अभी भी काम करता रहता हूं। जैसे तुम अपनी किताबों में व्यस्त रहती हो वैसे ही मैं अपने काम में व्यस्त रहता हूं ताकि मुझे भी किसी की याद ना आए और दर्द भी ना हो।" निखिल ने पूर्णिमा के सवाल का जवाब दिया।

तभी उनकी बोगी में चाय कॉफी वाला आया।

निखिल ने उसे एक चाय और एक कॉफी देने के लिए कहा ।

पूर्णिमा के चेहरे पर हल्की सी मुस्कुराहट आ गई ।

पूर्णिमा को जब निखिल ने कॉफी का कप पकड़ाया तो पूर्णिमा ने कहा...."तुम्हें आज भी याद है मैं कॉफी पीती हूं?"

निखिल ने उसकी आंखों में देखते हुए पूछा .."क्या ..तुम कुछ भूल पाई हो??"

पूर्णिमा खामोश रही और धीरे-धीरे कॉफी पीने लगी ।

करीब ५ मिनट तक दोनों खामोश थे पूर्णिमा खिड़की के बाहर देख रही थी और निखिल पूर्णिमा को ।

कितना कुछ बदल गया दोनों के बीच।

तभी सामने की सीट पर बैठे हुए अंकल को खांसी आने लगी। उनकी पत्नी ने तुरंत पानी की बोतल खोली और गिलास में पानी भरा और उन्हें देते हुए बोली..." आप ठीक हो ना?? "

आंटी के चेहरे पर चिंता के भाव नजर आ रहे थे।

अंकल बोले.." अरे! अरे !कुछ नहीं बस यूं ही... तुम तो नाहक ही चिंता करने लगती हो।"

खाली कप निखिल डस्टबिन में डाल आया था।

पूर्णिमा ने खामोशी तोड़ते हुए आंटी से बात करना शुरू किया और पूछा.." आपकी शादी को कितने साल हो गए?"

"45 साल हो गए हैं बेटी हमारी शादी को।" उन्होंने जवाब दिया।

तभी अंकल हंसकर बोल पड़े.." अब तो एक दूसरे की ऐसी आदत हो गई है कि आपस में बात करें या ना करें लेकिन एक मिनट के लिए भी यह ओझल हो जाती है तो मुझे बेचैनी होने लगती है ।अब ये मेरी जरूरत है और आदत थी... "

निखिल और पूर्णिमा दोनों एक दूसरे को देखने लगे और अतीत की स्मृतियां उनकी आंखों में समा गई।

दोनों को याद आया कि ४ साल पहले यही वाक्य उन्होंने एक-दूसरे से कहा था कि वे एक दूसरे की आदत बन चुके हैं और एक दूसरे के बगैर जी नहीं सकते।

लेकिन पूर्णिमा और निखिल के बीच अपने भविष्य, अपने करियर ,अपनी नौकरी को लेकर ऐसा विवाद हुआ कि जो सुलझ नहीं पाया।

निखिल को विदेश में अच्छा प्रोजेक्ट मिला था। वो इस मौके को खोना नही चाहता था। उस समय उसे शादी करना मुमकिन नहीं लगा ।

पूर्णिमा के घरवालो ने कह दिया .. कि निखिल बिना शादी किए यदि विदेश गया तो फिर पूर्णिमा के साथ उसका संबंध खत्म।

पूर्णिमा भी चाहती थी कि निखिल उसके साथ शादी कर ले और निखिल की यह दलील थी कि यदि वह शादी के लिए रूका तो हो सकता है उसका यह प्रोजेक्ट किसी और को दे दिया जाए और वह अपने करियर के इतने सुनहरे अवसर को नहीं खोना चाहता था।

दोनों के बीच की बहस इतनी बढ़ गई कि उनका प्यार मानो दम तोड़ गया।

निखिल विदेश के लिए विमान पर चढ़ गया और यहां पूर्णिमा ने उसके साथ हर एक रिश्ते को तिलांजलि दे दी।

आज इतने समय बाद दोनों एक-दूसरे के आमने-सामने थे ।

दोनों ही दूसरे से पूछना चाहते थे कि उनके जीवन में आगे क्या हुआ?? क्या दोनों के जीवन में कोई और आ गया ??क्या किसी और ने उसकी जगह ले ली थी???

लेकिन दोनों ही चुप थे।

दोनों की खामोशी को तोड़ते हुए अंकल ने पूछा.." आप लोग लगता है एक दूसरे को जानते हैं पहले से"

पूर्णिमा ने सिर हिला कर हां का जवाब दिया।

बातों बातों में ही अंकल जी ने निखिल से पूछ लिया ..''और क्या करते हैं आप??''

निखिल ने बताया कि... ''बस करीब 2 साल पहले ही भारत आया हू और बस अब अपने वतन ही रहूंगा। मां पापा चाहते हैं मैं शादी कर लूं। तो बस मैं भी अपनी जिंदगी में सेटल होना चाहता हूं। एक सुकून की जिंदगी चाहता हूं.बस एक अच्छी लड़की की तलाश है।''

पूर्णिमा निखिल को बस देखती ही रह गई।

निखिल ने पूर्णिमा की तरफ देखते हुए पूछा.." और पूर्णिमा, तुम बताओ तुम क्या कर रही हो आजकल??''

पूर्णिमा ने कहां..'' बस मां पापा रोज नए रिश्ते लेबर आते हैं और मैं रोज कोई बहाने उन्हे रोक देती हूं। कभी नौकरी का बहाना ,तो कभी आगे पढ़ने का बहाना.. लेकिन अब उन्हें रोक नहीं पाऊंगी।''

निखिल ने हंसते हुए जोर से पूछा ...''तुमने अभी तक शादी नहीं की??''

मुझे तो लगा कि तुम शादी-वादी करके सेटल हो गई होगी।''

पूर्णिमा जोर से हंसने लगी और बोली ''मुझे भी यही लगा था, कि तुम तो विदेश जाकर किसी गोरी मेम के साथ घर बसा चुके होंगे लेकिन..''

सामने बैठी आंटी बोली..'' तो अब भी देर नहीं हुई है। मुझे लगता है कि तुम दोनों सिर्फ एक दूसरे को जानते ही नहीं बल्कि एक दूसरे से बहुत प्यार भी करते हो। और आज यह कोई इत्तेफाक नहीं बल्कि ईश्वर की मर्जी थी कि तुम दोनों इस तरह यहां मिले।''

''और आप दोनो एक बार फिर से सोच सकते हो अपने रिश्ते के बारे ।''

अंकल जी बोले..'' शादी में कभी कंप्रोमाइज करना पड़ता ,है कभी सैक्रिफाइस लेकिन जिनसे हम प्यार करते हैं उनके लिए यह सब करना अच्छा लगता है ।हमारी 45 साल की शादी से तो हमने यही सीखा है।''

" तुम लोग एक बार फिर से अपने परिवार वालों से बात करो। तुम दोनों आपस में एक बार फिर से सोचो।"

पूर्णिमा और निखिल दोनों एक दूसरे को देख रहे थे। शायद एक दूसरे से कह रहे हो कि ...अब भी बहुत कुछ बाकी है.. उनके बीच।

अंकल जी बोल पड़े..." यदि सच में मन बना लिया हो तो हमें शादी का कार्ड देना मत भूलना ।यह रहा मेरा विजिटिंग कार्ड हमें अपनी शादी में जरूर बुलाना।"

10

रेशम की डोरी

दो दिन से अर्चना कुछ उदास सी लग रही थी। रसोई में चाय बनाते बनाते अर्चना कही दूर शून्य में ताकने लगी और चाय उबलकर पतीले से बाहर गिरने लगी तभी पति मानव ने तुरंत आकर गैस बंद किया और अर्चना का हाथ थाम कर बोले...." अर्चू, क्या हुआ है?? कहा ध्यान है तुम्हारा ?? तबीयत तो ठीक है ना??"

अर्चना सकपकाई और गिरी हुई चाय को देख अचानक उसके आंसू निकल आए ..और बोली.." ओह..मैं भी न ..कुछ ठीक से नही करती .."

" अरे! अर्चू चलो तुम मेरे साथ बाहर चलो, ये सब बाद में मैं कर दूंगा। " ऐसा कहकर मानव ने अर्चना को सोफे में बिठाया।

" अब बताओ.. क्या हुआ है?? क्यों इतनी उदास हो।और ये आंसू क्यो..?बच्चे भी बता रहे थे कि कल भी दोपहर को तुमने खाना नही खाया.."मानव ने पत्नी के आंसू पोछते हुए पूछा।

अर्चना मानव के गले लगकर सुबक सुबक कर रोने लगी।

वो बोली.." मानव दो दिन बाद राखी है। ८ साल हो गए मानव..लेकिन सुधीर भैया ने मुझे माफ नही किया। हर साल एक आस रहती है कि इस बार भैया आयेंगे लेकिन हर बार मेरी राखी उनकी कलाई में नही सज पाती बस डिब्बे में रखनी पड़ती है।" ऐसा कहकर अर्चना भगवान के मंदिर में रखे सुनहरे डिब्बे को लेकर आई और मानव को दिखाने लगी।

" अर्चना ,मेरी मानो इस बार तुम चली जाओ वहां। मैं जानता हूं वो नही आयेंगे।हमारे प्रेम विवाह को वो स्वीकार नही करेंगे। उन्होंने तुम्हारे लिए मुझसे बेहतर लड़का देखा और तुमने उनकी और घरवालों की मर्जी के खिलाफ मुझसे शादी की ।तुम ही सोचो वो कैसे भूल सकते है।तुम ही इस बार चली जाओ ना।" मानव ने समझाया।

" मानव ,जब मम्मी पापा ने हमें अपना लिया था, तो भाई क्यों नही अपना सकते। ऐसा भी क्या गुस्सा।और रहा सवाल मेरे जाने का तो.. जहां तुम्हारा मान न हो वहा मैं क्यों जाऊ.. जब वो हमें सम्मान से बुलाएंगे तब ही मैं जाऊंगी।" ऐसा कहकर अर्चना ने उस डिब्बे को वापिस रख दिया और रसोई में चली गई।

मानव सोच में पड़ गया कि क्या किया जाए।

राखी के एक दिन पहले बच्चें तैयारी में लग गए ।बेटी रोशनी अपने भाई प्रतीक के लिए सुंदर सी राखी ले आई ।भाई ने भी अपनी बचत के पैसे से एक छोटा सा पर्स अपनी बहन के लिए खरीद लिया। मानव की कोई बहन नही थी।लेकिन बच्चो के साथ वो भी उनकी तैयारी में साथ दे रहा था।

अर्चना का मन बेचैन था।हर साल उसका यही हाल होता ।कितनी बार फोन देखती ।घर के गेट पर हुई हर दस्तक पर दौड़कर जाती। घंटो तक अपनी खरीदी हुई राखी को देखती और फिर भगवान के पास बैठकर अपना दुख सुनाकर राखी को डिब्बे में रख देती। दोपहर में सब खाना खा लेते लेकिन वो शाम तक भाई की राह देखती कि शायद भाई आ जाए।लेकिन भीगी पलकें लिए बच्चो के साथ दिल बहला लेती।

ऐसा ही कुछ हाल भाई के घर भी रहता।

भाई सुधीर भी हर कुरियर को इसी आशा से खोलता कि शायद बहन की राखी आई हो। पत्नी भी बहुत समझाती कि .....''बहन को फोन कर लो, उसके घर चले जाओ ।आखिर माता पिता की मृत्यु के बाद एक बहन के लिए भाई का घर ही तो पीहर होता है।भाई की ये बेरुखी एक बहन कैसे सहन कर सकती है।''

सुधीर कहता...'' मैं क्यों जाऊं?? वो छोटी है, मुझसे आकर बात नही कर सकती क्या?? उसे भाई की चिंता तक नही।मानव के प्यार में अंधी

होकर उसने भाई से रिश्ता तोड़ लिया। एक बार आकर कह देती कि भाई गुस्सा छोड़ दो तो क्या मैं उसे माफ नही कर देता। उसे मेरी जरूरत नही तो मुझे भी नही।मेरी कलाई सूनी रहे कैसे बर्दाश्त होता है उससे। मैं तो अपने फर्ज से कभी नहीं चुका। देखो हर साल उसके लिए उपहार लाता हूं कि इस बार तो वो आयेगी या राखी भेजेगी लेकिन सब बेकार।" सुधीर का मन भी बहुत उदास था।

आज राखी का दिन था। प्रतीक के हाथ में बहन ने राखी बांध दी।

मानव बोला.." क्यों न हम लोनावाला चले ?? अर्चना तुम्हारा दिल बहल जाएगा और बच्चो को भी अच्छा लगेगा।"

बच्चे खुशी से उछल पड़े और बोले.." मम्मी प्लीज हा कहना।मना मत करना।"

बच्चो के सामने अर्चना भी मना न कर पाई और सब लोनावाला के लिए निकल के लिए तैयार हो गए।

पुणे से लोनावाला की दूरी करीब डेढ़ घंटे की ही थी।

अर्चना खिड़की दरवाजे बंद कर जाने के लिए तैयार थी।अपने मंदिर में सर झुकाकर प्रार्थना की और घर के दरवाजे पर ताला लगाकर वो भी कार में बैठ गई।

करीब दो घंटे में वे एक अच्छे से रिसोर्ट में पहुंच गए ।बहुत सुंदर कमरा था।बड़ा सा स्विमिंग पूल था। बड़े बड़े पेड़,फूलो से सजा हुआ बगीचा।

सबकुछ बहुत ही सुंदर।

बच्चे अपनी सेल्फी लेने में व्यस्त हो गए और मानव फोन पर बात कर रहा था।

दोपहर के दो बज गए थे।रिसोर्ट के डाइनिंग रूम में खाना लग चुका था।

राखी के पर्व को ध्यान में रखकर ट्रेडिशन खाना सर्व किया गया था।बच्चे तो खीर ,पूरी देखकर खुश हो गए।साथ ही मूंगदाल का हलवा भी था। राखी के गीत धीमे धीमे चल रहे थे।

मानव और अर्चना कुर्सी पर बैठे थे बच्चे अपनी पसंदीदा खाने को अपनी प्लेट पर रख रहे थे।वेटर उनकी मदद कर रहा था।

अर्चना का उदास चेहरा देख मानव बोला.." अरे! यहां हम एंजॉय करने आए है।और तुम दुखी हो।ऐसा मत करो।खुश रहो न.."

बेटे ने पापा से कहा.." पापा,आपका फोन दीजिए ना एक अच्छी सी फोटो खींचता हू।".

मानव ने अपना फोन दिया।

बेटा बोला.." सब स्माइल कीजिए..."

क्लिक..

उसने तस्वीर खींची और मम्मी को दिखाते हुए बोला.." मम्मी देखो कितनी अच्छी पिक है ।बस ये अंकल बीच में आ गए।"

अर्चना ने तस्वीर देखी और देखते ही रह गई।

हड़बड़ाकर खड़ी होकर पीछे देखा तो उसकी आंखे फिर से आंसुओ से भर गई लेकिन इस बार ये आंसू खुशी के थे।

बेटी बोली.." मम्मी क्यों रो रही है ..?"

मानव मुस्कुराते हुए बोला...." बेटे ये आपके सुधीर मामा है। जाओ जाकर पैर छू कर आशीर्वाद लो।"

" मामा, हमने तो आपकी फोटो ही देखी थी।आपको पहचाना ही नही।" बेटा बोला।

मामा ने दोनो बच्चो को गले से लगा लिया और बहुत प्यार किया और बोले.." हा,तेरी मम्मी और मेरी कट्टी थी ना.."

बेटी बोली.." आज आपकी दोस्ती हो गई न.....?"

पीछे खड़ी सुधीर की पत्नी ने कहा..." हा , बच्चों आज सबकी बट्टी हो गई। वो भी पक्की वाली।"

अर्चना दौड़कर भाभी के गले लग गई।

भाभी बोली.." अर्चना अब जल्दी से भाई को राखी बांधों। इतने सालों का इंतजार खत्म करो।"

अर्चना ने फुर्ती से अपने पर्स से राखी निकाली जो वो घर से आते समय भगवान से ये कहकर लाई थी कि.." हे ईश्वर आज तो इस राखी को भाई की कलाई में सजने देना।"

भाभी ने आरती की थाल अर्चना के हाथ में दी और आज सालों का इंतजार समाप्त हुआ।

आज एक बहन ने अपने भाई की कलाई पर राखी बांध दी।और उसकी सुखी , स्वस्थ और दीर्घ आयु की प्रार्थना की।

भाई ने भी बहन के सिर पर हाथ रख वादा किया कि वो हमेशा अपनी बहन का साथ देगा।उसकी रक्षा करेगा।

मानव एक तरफ बैठा था ।सुधीर ने कहा.." मुझे माफ करना ,इतने साल से आपको अपना नही पाया।लेकिन मैं जानता हूं कि मेरी बहन के लिए आपसे अच्छा जीवनसाथी कोई नही हो सकता था।"

भाभी बोली.." ये मानव जी का ही प्लान था। उन्होंने ही कल मुझसे मेसेज में कहा था कि लोनावाला में भाई बहन को मिलाया जा सकता है।इसलिए हम भी यहां पहुंच गए और आप सब भी।"

मानव बोला.." भाईसाहब आपका और अर्चना का रिश्ता तो खून का रिश्ता है।मेरी वजह से उसमे खटास आ गई थी बस इसलिए इस बरस तो तय कर ही लिया था कि चाहे जो हो जाए आप दोनो को मिलवा कर रहूंगा।इतने साल हिम्मत नही हुई थी।मैं जानता था कि एक बार आप लोग आमने सामने आ गए फिर किसी को कुछ नही करना पड़ेगा।"

अर्चना को मानव पर गर्व हो रहा था।

आज राखी के दिन भाई बहन के बीच की दूरी मिट गई।

सुधीर की पत्नी एक बड़ा सा बॉक्स लेकर आई और बोली.." सुधीर ये लीजिए अपनी बहन को सारे तोहफे दे दीजिए जो आपने इतने साल से खरीद कर रखे है।"

अर्चना मुस्कुरा उठी और उसकी आंखे नम हो गई।

प्रतीक मामा से बोला.." मामा अब आप घर चलिए।आपको मम्मी बहुत सारी राखी पहनाएगी।गोल्डन बॉक्स में रखी है सारी।"

फिर क्या था।शाम को सब अर्चना के घर पहुंच गए और घर में खुशियां ही खुशियां थी। भाई बहन के बीच की दूरी खतम हुई और सबने प्यार से मिलकर मनाया रक्षाबंधन का त्योहार।

11

किराएदार बने माता-पिता

" और शर्मा जी, सुना है आप अपने बेटे के साथ रहने जा रहे है.. भई आपके बिना ये कॉलोनी सूनी हो जाएगी।सुबह की सैर,शाम की चाय सब बंद हो जायेगा।" शर्मा जी के खास दोस्त मेहता जी ने कहा।

" अरे, मैंने तो बेटे अश्विन को कहा कि तुम लोग आते जाते रहना । हम बूढ़ा बूढ़ी यही ठीक है, लेकिन वो बोला पापा आप हमारे साथ रहिए और यह वाला घर किराए से दे दीजिए ।साथ में रहेंगे तो हमें भी चिंता नहीं रहेगी और किराए के पैसे भी काम आएंगे। इसलिए ये घर किराए से देकर हम बेटे बहु के साथ रहेंगे"

शर्मा जी ने अपने दोस्त को घर छोड़ने का कारण बताया।

"वैसे तो श्रीमती जी का मन नहीं है यह घर छोड़ने का लेकिन पोती का मोह है इसलिए उन्होंने भी हां कह दी। वैसे वह भी बहू बेटे के साथ रहेंगी तो अच्छा ही लगेगा ।

अब देखते हैं कैसे होगा सब कुछ। वैसे हमें भी यहां से जाने में बहुत दुख हो रहा है। बेटे का घर के शहर से दूर है आजू बाजू में पता नहीं कैसे पड़ोसी होंगे ...बेटे ने प्यार से बुलाया है तो सोचा चले ही जाते हैं। वैसे आजकल के लड़के माता-पिता को साथ नहीं रखना चाहते। हमारा लायक बेटा है जो हमें बुला रहा है और उस पर भी हम न जाए तो फिर

यह तो गलत हो जाएगा ना ।ये घर तो हमने बहुत जतन से बनाया था ।।"

शर्मा जी ने मेहता जी से कहा।

अपने दोस्तों से मिलकर शर्मा जी अपने घर आ गए घर आकर देखा तो श्रीमती ही ने सारी तैयारियां कर ली थी। सारा सामान पैक हो चुका था अगले दिन उन्हें निकलना था।

अगली सुबह अश्विन छोटा टेंपो लेकर आया जिसमें माता पिता ने अपने सूटकेस ,छोटा सा मंदिर और कुछ जरूरत का सामान रख लिया।बाकी सारा सामान घर पर ही था।

अश्विन का कहना था कि घर पर सारा सामान होगा तो किराया ज्यादा मिलेगा और अश्विन के घर पर तो सब कुछ है ही शर्मा जी भी मान गए इस बात को।

अश्विन के आते ही सारा सामान टेंपो में रखा और तीनों अश्विन के घर चले गए दोनों के घरों के बीच करीब डेढ़ घंटे की दूरी थी।

अश्विन शहर से बहुत दूर था ।

पहुंचते ही बहू ने उनका स्वागत किया। अश्विन ने कमरा दिखाया ।पूरा दिन बहुत अच्छे से बीता। दादी पोती दिन भर खुद खेले, लेकिन शर्मा जी को अभी भी अपने दोस्तों की याद आ रही थी।

शाम होते ही बहु चाय लेकर आ गई। चाय के समय भी शर्मा जी अपने दोस्तों को याद कर रहे थे।

चाय पीने के बाद शर्मा जी ने कहां..." बेटा, थोड़ी देर टहल कर आ जाता हूं ,तुम मेरे साथ चलो। एक-दो दिन में पता चल ही जाएगा जाने आने का रास्ता फिर अकेले ही लिया करेंगे हम दोनों ।"

अश्विन ने कहा .."आज रहने दीजिए पापा। मैं भी बहुत थक गया हूं ।रविवार को मैं आपको सारे रास्ते बता दूंगा तब आप और मां चले जाइएगा।"

कुछ समय तक सब कुछ बहुत अच्छा चलता रहा ।घर पर सब साथ खाना खाते। शर्मा जी जाने आने के रास्ते समझ गए ।

उनकी पत्नी को भी पोती के साथ रहने में बहुत आनंद आ रहा था। महीना बीतते ही बहू बेटे में परिवर्तन आने लगा।

पहले कुछ दिन जहां गरम नाश्ता मिलता था ,अब रात की बनी हुई चपाती चाय के साथ दे दी जाती ।दोपहर के खाने में जहां सब साथ बैठकर खाते थे लेकिन अब बहु पहले सास ससुर को खिला देती और अपना खाना लेकर कमरे में चली जाती। सास को रसोई में आने तक के लिए बहु से पूछना पड़ता।

पहले शाम को बेटा आता था तो साथ टहलने जाता लेकिन अब थकान का बहाना बनाने लगा।

शर्मा जी को यह सारी बातें खटकने लगी। लेकिन कुछ बोले नही।

उनका अपना घर बेटे ने किराए से दे दिया था। अच्छा खासा किराया आता था।

शर्मा जी को अश्विन के घर अब ऐसा लगने लगा मानो वो बेटे के घर एक किरायेदार बनकर रह रहे हो।

जैसा सोचकर आए थे वैसा कुछ नही था।

लेकिन अब वापस कैसे जाते ,घर तो किराए से एक युवा दंपती को दे दिया था।

जो बहुत नेक थे।समय पर किराया दे देते थे और व्यवहार कुशल थे।उन्हे यू बीच में कैसे जाने को कह देते।

यही सोचकर ६ से ८ महीने हो गए।

शर्मा जी की पत्नी ने कहा...." सुनिए ,कल अलका जी के घर माता का जागरण है ।बहुत प्यार से बुलाया है उन्होंने । चलिए न हम चलते है।"

बहु ने जब सुना तो बोली.." मम्मी जी ,पुराने घर जाने का टेक्सी का किराया पता है कितना है जाने आने में हजार रुपए लग जायेंगे।आप उनसे वीडियो मंगवा लेना ,जाने की क्या जरूरत है।"

शर्मा जी ने कड़क आवाज में कहा.." किराया मैं दूंगा ,फिर क्या दिक्कत है???"

" पापाजी, पैसा आपको जाए या हमारा बात तो एक ही है ना, अब आपकी और मम्मीजी की दवा अश्विन लाते है कभी हिसाब किया क्या ।सब एक ही तो है न..."

ऐसा कहकर वो भीतर चली गई। अश्विन ने भी सब सुना लेकिन चुप रहा।

शर्मा जी और पत्नी एक दूसरे का मुंह देखने लगे।

पत्नी बोली.." हे राम !!!ये दिन देखने अपना घर छोड़कर आए थे..... अश्विन के सपने पूरे करने के लिए आपने इतनी मेहनत की और बचत करके घर चलाया ।उसे मनाली ट्रिप पर भेज सके इसलिए आपने अपनी पसंद की महंगी वाली घडी नही खरीदी थी। उसकी जरूरत ,उसके शौक हमने पूरे किए और आज हमारी दवाई उसके लिए मजबूरी और हमारा किसी के घर जाना उसे फिजूल खर्च लग रहा है।"

" हा, अब समझ आ रहा है कि अश्विन ने हमें यहां क्यों बुलाया... वह हम से अलग रह सके इसलिए उसने यह घर तो लोन पर खरीद लिया ...लेकिन अब लोन की किश्त नहीं चुका पा रहा है, इसलिए उसने हमें यहां बुला लिया ताकि हमारे अपने घर के किराए से वो अपने घर की किश्त चुका सके । वाह!!!! रे कलयुग...."

शर्मा जी ने चश्मा साफ करते हुए कहा।

उन्होंने तुरंत एक फोन लगाया।

कुछ हफ्तों के बाद सुबह सुबह घर के सामने एक ऑटो आया ।

अश्विन बोला.." अरे!!! ऑटो हमारे घर के सामने क्यों आया है ???मैंने तो नहीं बुलाया ।"

तभी अपने कमरे से शर्मा जी और उनकी पत्नी निकले।

शर्मा जी ने कहा...." यह ऑटो मैंने बुलाया है ...बेटा हम हमारे पुराने घर वापस जा रहे हैं। हमारे खाने और दवाई का खर्च मेरी पेंशन से आसानी से हो जाएगा। "

"....लेकिन पापा वो घर तो हमने किराए से दे रखा है ।आप इस तरह कैसे जा सकते हैं ।"

"मैंने उन किराएदार से बात कर ली है। जिस दिन तुमने हमारे आने जाने पर भी रोक टोक लगाई,पैसे गिनवाए... उसी दिन मैंने उन्हें फोन करके कहा कि... हमें हमारा घर अगले दो-तीन महीने में खाली चाहिए और उन्होंने भी हमारी बात समझी। बड़े ही अच्छे और समझदार है वह लोग और उन्होंने परसों ही मुझे फोन करके कहा कि उन्होंने घर खाली

कर दिया है और इसीलिए आज हम यहां से जा रहा है अपने घर। "

" पापा, ये भी तो आपका ही घर है।" बेटा बोला।

" बेटे के घर किरायेदार की तरह रहने से अच्छा है हम अपने घर पर रहे। हा लेकिन अब तुम्हे किराए के पैसे नही मिलेंगे तो देख लेना अपने इस घर की किश्त कैसे भर पाओगे...?"

पिताजी की बात खतम होते ही बेटे बहु सर झुकाकर खड़े रह गए और शर्मा दंपति अपने घर के लिए निकल गए।

12
भैया

फोन की लगातार घंटियां बज रही थी। शिवानी रसोई के काम में बहुत व्यस्त थी इसलिए उसे फोन उठाने में कुछ देर हो गई।

जैसे ही फोन उठाने गई कि फोन कट गया। उसने नाम देखा तो उसकी चचेरी बहन का फोन था। उसने सोचा कि दीदी ने यूं ही फोन किया होगा। काम को जल्दी निपटाने के लिए वह दोबारा रसोई में चली गई यह सोच कर कि दोपहर को दीदी से आराम से बात कर लेगी कि तभी दोबारा फोन आया और उसने लपक कर फोन उठा लिया मन में आशंका सी उठने लगी।

चचेरी बहन की आवाज में बहुत गंभीरता थी, उन्होंने कहा ..."शिवानी.... भैया ......" बस इतना कहकर फूट-फूट कर रोने लगी। शिवानी ने पूछा .."क्या हुआ ...दीदी बताइए ना ....क्या हुआ भैया को??? सब ठीक है ना ???" दीदी ने कहा .."शिवानी आज सुबह भैया हम सब को छोड़ कर चले गए" और यह कहकर उन्होंने फोन रख दिया। शिवानी वही बैठी बैठी सुबक सुबककर रोने लगी। उसे अंदाजा भी नहीं था कि सुबह ऐसी खबर उसे मिलेगी।

तभी मां का भी फोन आ गया। मां ने भी बताया कि रोहित भैया अब हमारे बीच नहीं रहे। शिवानी नहीं जानती थी कि आज की सुबह इतनी मनहूस होगी कि उसे अपने चचेरे भाई के ना रहने की खबर सुननी पड़ेगी। शिवानी को याद आया कि अभी कुछ दिन पहले ही तो रोहित

भैया से बात हुई थी रोहित भैया फोन कम करते थे लेकिन रोज मैसेज किया करते थे।

कभी विचार सागर लिखते तो कभी कविता कभी छोटी सी कहानी लिख भेजते तो कभी अपनी छोटी बहन शिवानी को यूं ही मजाक में कहते..."बहना तो पराई होती है भाई को भूल ही गई ससुराल जाकर। बीमार भाई के बारे में खबर भी नहीं पूछती।"

शिवानी उन्हें जवाब देती ...."अरे! ऐसा नहीं है रोहित भैया। बस काम में व्यस्त हो जाती हो। आप अपनी तबीयत का ध्यान रखिएगा।" रोहित भैया पिछले 3 सालों से अपनी सेहत से लड़ रहे थे। 5 साल पहले ही रोहित भैया की एक किडनी फेल हो गई थी लेकिन किडनी मिल भी गई और रोहित यह पूरी तरह से ठीक भी हो गए। अपनी दुकान अपना काम सब संभालने लगे थे बल्कि पिछले दो-तीन सालों में तो सभी रिश्तेदारों के साथ लगातार फोन पर बातें करते रहते। हर किसी को खबर पूछते। सबको एक साथ रहने की हिदायत देते।

शिवानी रोहित भैया के साथ बहुत अपनापन महसूस करती थी। रोहित भैया को हमेशा अपनी छोटी बहन शिवानी की चिंता होती। अक्सर मैसेज करते थे ..."अपना ध्यान रखना छुटकी।" शिवानी अपने भैया को याद करती रही और उसने फोन उठाया पुरानी चैट देखने लगी और उनका आखिरी मैसेज उसने पढ़ा जिसमें लिखा था..."बहना तेरा भाई अब ठीक है..."

उसने पूरी चैट पढ़ी..पिछले सोमवार की ही बात है.

रोहित भैया: अरे! बहना कभी बीमार भाई की खबर पूछ लिया कर।

शिवानी: कैसे हैं भैया आप? तबीयत कैसी है आपकी ??घर पर सब कैसे हैं?

रोहित: बहना मैं तो अस्पताल में हूं डॉक्टर को कुछ समझ नहीं आ रहा है कि क्या हो रहा है लगता नहीं कि ज्यादा समय है मेरे पास।

शिवानी: ऐसी बात मत करिए भैया सब ठीक हो जाएगा आप बस हिम्मत रखिए हम सब आपके साथ हैं।

रोहित भैया: मेरी बहना ने मेरी खबर पूछ ली अब मैं बिल्कुल ठीक हो जाऊंगा, इस बार राखी पोस्ट से न भेजना। खुद आना मुझे राखी बांधने।

पता नही अगले साल मौका मिले न मिले।

शिवानी: आपको कुछ नही होगा। इस बार न आ पाऊंगी।आप ध्यान रखना अपना।

शाम ४ बजे..शिवानी : भैया अब कैसी तबीयत है आपकी?

रोहित भैया: तुमने तबीयत का पूछ लिया ना इसलिए बहना तेरा भाई ठीक है।

यही था रोहित भैया का आखरी मैसेज

बहना तेरा भाई ठीक है।

शिवानी नहीं जानती थी कि यह उनका आखरी मैसेज होगा। शिवानी के आंसू लगातार बह रहे थे।

काश !भैया को कुछ नहीं हुआ होता

काश ! वे हमारे साथ होते हैं।

अब कौन मुझे हर दिन मैसेज करके पूछेगा... छुटकी तू कैसी है??

रोहित भैया आप ऐसे क्यों चले गए??

काश! मैं आपसे कुछ और बात कर पाती।

काश! मैं आपसे मिल पाती।

काश!!!!

बस यही सब सोचते हुए शिवानी आखरी मैसेज को देखती रही और अपने भाई को याद करती रही।

उसके एक हाथ में राखी थी जो वो रोहित भैया को भेजने के लिए लाई थी,लेकिन अब वो कलाई नही जो जिसपर बहन की राखी सजती थी।

13

आत्मसम्मान

अपने कमरे में प्रीति अपनी अलमारी के सामने खड़ी होकर शाम की पार्टी के लिए कपड़े तय कर रही थी। हर बार की तरह आज भी उसे जब भी पति के साथ बाहर जाना होता वह परेशान हो जाती क्योंकि पति को हमेशा ही उसके कपड़ो में कमिया ही नजर आती।

धीरज नहाकर कमरे में आए और प्रीति को यूं खड़ा देखकर बोले.." पार्टी में शाम को जाना है अभी से ये सब क्या कर रही हो,नाश्ता दो जल्दी।"

" हा,नाश्ता तैयार है,सोचा शाम के लिए ड्रेस देख लू,इस्त्री कर लू ताकि शाम को लेट न हो।" प्रीती ने कुछ डरते हुए कहा।

" कुछ वेस्टर्न पहन लो, वहा शालिनी और मीना भाभी हमेशा जींस ही पहनती है,तुम सलवार कमीज में बहुत बड़ी लगती हो उनके सामने। " धीरज तैयार होते हुए बोला।

" अच्छा ,ठीक है ।वो पिंक टॉप और ब्लैक जींस पहन लूंगी।" प्रीती ने अलमारी से कपड़े निकालकर पलंग पर रख दिए।

शाम को धीरज ऑफिस से जल्दी आ गया तो देखा प्रीति तैयार थी।वो बहुत सुंदर लग रही थी।

धीरज बोला ..." प्रीती, वो तुम्हारे हाथ का चिवड़ा और चकली भी रख लेना ।उनको बहुत पसंद है।"

प्रीती धीरज के मुंह से अपने लिए कुछ तारीफ के बोल सुनना चाहती थी लेकिन ऐसा नहीं हुआ।

वो रसोई में गई और सारा नाश्ता पेक किया जो उसने बहुत मेहनत से बनाया था।

दोनो समय पर अपने मित्र संदीप और शालिनी के घर पहुंच गए।

संदीप ने उन्हें बहुत आदर से अंदर बुलाया।

प्रीती बोली.." भैया ,शालिनी कहा है??"

" वो अभी अभी आई है ऑफिस से ,कुछ इंपोर्टेंट फोन आ गया तो अपने कमरे में है।आप आइए न वो आ जायेगी।" संदीप ने रसोई से पानी के दो गिलास लाकर उन्हें दिए।

" अरे ,कोई बात नही ।ये ऑफिस के काम कभी खत्म नहीं होते।" धीरज ने पानी पीकर प्रीति की तरफ इशारा कर गिलास अंदर रखने को कहा।

करीब १० -१५ मिनेट बाद शालिनी तैयार होकर आ गई और दूसरे मित्र प्रकाश और मीना भी पहुंच गए।

प्रीती , मीना और शालिनी के साथ बाते करने लगी।

बीच बीच में धीरज उसे देख भी रहा था जब वो जोर से हस देती या खास देती।

शालिनी ने पहले ही खाना बाहर से मंगवा लिया था जो आ गया।

प्रीती के बनाए नाश्ते की सबने दिल खोलकर तारीफ की।

शालिनी खाना लगाने लगी तब प्रीती और मीना भी मदद के लिए रसोई में चले गए। प्रकाश और संदीप भी प्लेट लगाने लगे।धीरज को तो इन कामों की आदत नही थी लेकिन फिर भी कुछ मदद वो भी करने लगा।

सबने खाना खाया और अपनी अपनी डिश रसोई में रखने लगे।

धीरज प्रीति को लगभग घूर रहा था कि वो उसके हाथ की डिश लेकर अंदर रख दे लेकिन प्रीति का ध्यान नही था।

तभी संदीप बोला.." अरे, धीरज तेरा हो गया न तो प्रीति की भी प्लेट लेकर अंदर ले आ।सारे बर्तन डिश वॉशर में डाल देते है।"

धीरज सकपकाया.. उसने अपनी और प्रीति की डिश ली और अंदर रखी।

इस बात से उसका मेल इगो पर मानो चोट लग गई।

वहा से आकर धीरज ने प्रीति को खूब खरी खोटी सुनाई।

कुछ तीन चार महीने बाद धीरज ने घर पर सबको बुलाया।

प्रीती ने बहुत सारा खाना खुद ही बनाया।धीरज की तरफ से कोई मदद नहीं मिली। शाम के सात बजने आए प्रीति अब भी रसोई में थी। तभी धीरज चिल्लाया.." अरे! सब आने वाले है ,जरा तैयार हो जाओ।"

प्रीती दाल में तड़का लगा ही रही थी कि मेहमान आ गए। वो कमरे की तरफ भागी।

५ मिनिट में ही तैयार होकर आ गई ।धीरज बोला.." कितना समय लगा दिया भाई ,सबको पानी पिलाओ।"

प्रीती को बहुत बुरा लगा।

खाने की मेज़ उसने पहले ही सजा ली थी बस खाना बाहर रखना था ।

प्रीती के साथ मीना और शालिनी भी आगे बढ़ी तो धीरज बोला.." अरे! आप ये पनीर पकोड़े एंजॉय करिए ,प्रीति कर लेगी ,उसे आदत है।"

प्रीती अकेली ही खाना ले आई ।बाकी सभी हसी मजाक कर रहे थे।

शालिनी और मीना के पति का व्यवहार उनकी पत्नियों के लिए आदर भरा था जबकि धीरज का.....घर की मुर्गी दाल बराबर वाला।

खाने की जी भर तारीफ की गई।तब धीरज बोला.." प्रीति को ये सारे काम ही आते है, भाभी आप लोग तो दोनो संभालती है ।घर भी ऑफिस भी।"

" भाईसाहब , ऐसा नहीं है।हमारे घर संदीप और मैं मिलकर काम करते है। बल्कि वो ही ज्यादा करता है।" शालिनी बोली।

" अरे! प्रीती तुम भी धीरज से काम करवाया करो ।इतना सब अकेले क्यों करती हो??" मीना बोली।

" धीरज शायद मदद कर देते यदि मैं आप लोगो की तरह ऑफिस जाती। हाउस वाइफ हू ना इसलिए घर के काम तो मुझे ही करना चाहिए। ये इस घर की नही बल्कि सभी जगह की बात है।यदि पत्नी कमाए तो

पति भी घर के काम में मदद करते है,उनकी इज्जत करते है, वरना तो ......है ना धीरज मैं सही कह रही हू ना।"

आज प्रीति ने अपनी बात कही।

धीरज दांत पीसने लगा।

दोस्त भी सकपका गए कि मामला खराब हो रहा है।वे चुप ही रहे और कुछ देर बाद चले गए।

रात जब मेज पर केसरोल और रसोई का सिंक बर्तनों से भरा था तब प्रीति आइस्क्रीम लेकर बैठ खाने लगी।

धीरज चीख रहा था।

प्रीती बोली.." क्यों सच चुभ गया?? दूसरो के घर प्लेट भी रखते हो, उनकी पत्नी देर से आए वो भी चलता है, खाना बाहर से आए वो भी मंजूर लेकिन अपने घर बिल्कुल अलग क्यों? इसलिए क्योंकि मैं कमाती नही।

धीरज एक बात बताइए अगर कल से मैं भी काम पर जाऊ तो आप बदल जा।येंगे?? क्या पत्नी की वैल्यू तब ही करणी चाहिए जब वो कमाती हो??? तो ऐसा ही सही। मेरे सर्टिफिकेट, मेरी डिग्री बेशक अलमारी में बहुत भीतर है लेकिन उनकी कीमत कम नहीं हुई...."

" ये सब क्या फालतू बात कर रही हो, तुम पागल हो गई हो क्या...?" धीरज का अहंकार चीखा

" धीरज, हम औरते पूरे सम्मान की हकदार है।यदि महीने की कमाई देख पत्नी पति को इज्जत देने लगे तो क्या होगा ये तो तुम जानते हो।घर पर रहकर परिवार को संभालना क्या उसकी कोई इज्जत नहीं?? एक बात बताओ तुम्हारे दोस्त और उनकी पत्नियां दोनो कमाती है फिर भी आज उनके सामने तुम्हारी आर्थिक स्थिति कम है?? क्या वे तुमसे दुगुने अमीर है?? नही... क्योंकि मैंने इस घर को संभाला है ना कुक,ना आए दिन पार्टी,ना हर महीने पार्लर,ना शौपिंग, ना ही बच्चो के लिए पर्सनल ट्यूटर.. और गिनावाऊ ना तो महीने के ३० हजार तो यूंही हो जाते है। और सुनो आज जो खाना मैंने बनाया वो पांच हजार का तो होगा "

प्रीती आज सच्चाई का आइना लेकर बैठी थी और धीरज उसमे अपना असली चेहरा देख पा रहा था।

लेकिन आदमी कब अपनी गलती माना है।

गुस्से से लाल होकर कमरे में चला गया।

अगले दिन प्रीति ने धीरज से पूछा..." मेरी बात बुरी लगी होगी ना,लेकिन गलत तो नहीं थी । तुम्हारा मेरे वजूद पर तीखे प्रहार करना मुझे चोट पहुंचाता है।कोई भी लड़की नही चाहती कि वो किसी और पर निर्भर रहे ।सभी का आत्मसमान होता है लेकिन परिस्थिति सभी के लिए अलग होती है।कभी बूढ़े माता पिता,कभी बच्चे ,कभी घर ।एक औरत क्या चुने ?? वो दोनो काम भी कर सकती है यदि पति साथ दे।क्या आप मेरा साथ देंगे ???

क्या आप अपनी प्रीति को वो सम्मान देंगे जिसकी वो हकदार है???

धीरज जो रात भर सोया नही था बोला.." हा,लेकिन मुझे वक्त लगेगा |"

14
सम्मान

जया की आज पग फेरे की रसम थी। जया को लेने के लिए उसके पति आ रहे थे। जया के घर वालों ने न जाने कितने उपहार सजाकर रखे हुए थे। जया ने आश्चर्यचकित होकर पूछा 'इतने सारे उपहार किसके लिए हैं माँ?'

'यह सब कुछ तेरे सास ससुर के लिए हैं। कुछ कम ना पड़े बस। नहीं तो वे तुझे कल को सुनाएंगे कि कुछ दिया नहीं माँ बाप ने।' काम जल्द्दी निपटाते हुए माँ ने कहा।

जया ने मुंह बिगाड़ते हुए पूछा 'अभी तो शादी में इतना सब कुछ दिया है आपने, मुझे भी और मेरे सास- ससुर को भी, फिर दोबारा इतना सारा क्यों दे रही हो माँ?'

माँ ने कहा 'तुझे कुछ नहीं समझ आता। यदि नहीं देंगे तो तुझे ही कल को वहां परेशान करेंगे। ताना मारेंगे कि लड़की वालों ने कुछ नहीं दिया। तू जल्दी-जल्दी तैयार हो, मैं सारे तोहफे बाहर रख देती हूं।

जया के पति के आते ही उनकी बहुत अच्छे से मेहमान नवाजी की गई। जया की माँ ने कहीं कोई कमी नहीं छोड़ी। जया खुशी-खुशी अपने पति के साथ अपने ससुराल आ गई। जया ससुराल में खुश थी। सब कुछ अच्छा चल रहा था। जया दिनभर अपने ऑफिस में व्यस्त रहती थी। घर में काम करने के लिए काम वाले लगे हुए थे। इसीलिए कोई परेशानी नहीं हुआ करती थी।

एक दिन फोन आया कि जया के मम्मी-पापा उससे मिलने के लिए उसके ससुराल आ रहे हैं, जया बहुत खुश हो गई। तीन महीनों के बाद अपने मम्मी पापा से मिलने के लिए वह बहुत बेचैन हो रही थी। उसने अपनी सास से कहा 'मम्मी, मेरे मम्मी पापा आ रहे हैं।'

सास ने जवाब दिया 'अच्छी बात है! आने दो, तुमसे मिलने आ रहे हैं, अच्छे से जी भर के मिलना।'

जया ने अपनी बात को आगे बढ़ाते हुए कहा 'मम्मी, मेरे मम्मी पापा आ रहे हैं, तो उनके लिए कुछ तोहफे हम लेने जाएंगे ना?'

जया की सास ने अपनी आवाज़ को ऊंचा करते हुए कहा 'तोहफे? तुम्हारे मम्मी पापा के लिए? क्यों?'

जया ने भी अपनी बात रखते हुए कहा 'मम्मी जी, जब मेरा पग फेरा हुआ तब मम्मी ने आपको इतने सारे तोहफे दिए थे। अब जब वो यहां आ रहे हैं तो क्या आपको उन्हें कुछ नहीं देना चाहिए?'

जया की सास और बिगड़ गई उन्होंने कहा 'अरे लड़की वाले, लड़के वालों को तोहफे देते हैं। कभी सुना है क्या कि लड़के वाले लड़की वालों को कुछ दें? तुम क्या उल्टी गंगा बहा रही हो!'

अपनी सास की बात सुनकर जया को इतना तो पता चल गया कि जया की सास भी उन्हीं पुराने रीति-रिवाजों में मानने वाली है कि लड़के वाले हमेशा ऊपर और लड़की वाले उनसे नीचे होते हैं।

जया को लगा कि यहां बात बढाकर कोई फायदा नहीं है क्योंकि उसकी सास उसकी बात कभी नहीं समझ पाएगी। इसलिए उसने उनसे कुछ नहीं कहा| एक सप्ताह के बाद जब उसके मम्मी पापा आए तब उसने नौकरों को कहकर बहुत अच्छी अच्छी स्वादिष्ट चीजें बनवाई। उनकी आवभगत बहुत अच्छे से की। जब वे जाने लगे तब जया और जया के पति कमरे से जाकर बहुत सारे तोहफे लेकर बाहर आए।

जया ने कहा 'मम्मी-पापा, ये मेरे सास ससुर की तरफ से आपके लिए हैं।'

जया की मम्मी ने तुरंत कहा 'अरे! नहीं नहीं, यह हम नहीं ले सकते।'

जया की सास दूसरी तरफ आग बबूला हो रही थी, लेकिन सबके सामने कुछ कह भी तो नहीं सकती थी।

जया और जया के पति दोनों ने ही तोहफे रखने के लिए उन्हें मना लिया।

जया की माँ ने जाते-जाते जया की सास से कहा 'सचमुच मैं तो धन्य हो गई कि मेरी बेटी आपके घर बहू बनकर आई। आप कितने खुले विचारों की हैं।पुराने रीति-रिवाजों को आप नहीं मानती। वरना तो लड़के वाले कभी कुछ नहीं देते। यह जानकर बड़ी खुशी हुई कि आप उनमें से नहीं। मैं सबको बताऊंगी कि जया के सास ससुर कितने अच्छे हैं। शायद लोगों को आप से कुछ सीखने को मिल जाए। बहन जी, ऐसा नहीं है कि हमें किसी बात की कमी है, लेकिन लगता है रिश्ता दोनों तरफ से बराबर रहे तो कितना अच्छा हो। आज से मैं पूरी तरह से निश्चिंत हो गई कि मेरी बेटी ऐसे घर में है जहां सिर्फ उसका ही नहीं, बल्कि उसके माँ-बाप का भी मान सम्मान किया जाता है।'

यह सारी बातें सुनकर जया की सास मन ही मन खुद को दोषी मान रही थी। उसे लग रहा था कि काश उसने जया की बात मान ली होती तो आज जो यह तारीफें कर रहे हैं, वह सचमुच उसे स्वीकार कर सकती।

सभी जाने लगे थे, तभी जया की सास ने कहा 'समधन जी जरा रुकिए, मुझे कुछ कहना है| यह सारे तोहफे मैंने आपको नहीं दिए। यह सब कुछ जया ने खुद खरीदा है और मेरा नाम लेकर आपको दे रही है। मैं भी पुराने रीति रिवाज को अब तक मानती आ रही थी। कभी नहीं सोचा था कि लड़के वाले और लड़की वाले समान ही तो होते हैं। आप जब मुझे इतना मान सम्मान देती हैं, तो मैं क्यों नहीं? आप जरा रुकिए।' जया की सास कमरे से एक शॉल लेकर आई जो उन्होंने कुछ दिन पहले ही खरीदी थी। उन्होंने कहा 'यह एक तोहफा है जो मैं आपको दे रही हूं मेरी तरफ से और वह भी पूरे दिल से।'

सभी की आंखें नम हो गई थी, जहां किसी को अपनी गलती का एहसास हो रहा था, वहीं जया को गर्व था कि पुराने रीति-रिवाजों में कुछ परिवर्तन आया तो सही। जया की माँ सबसे ज्यादा खुश थी।

15

जीवन की सीख

शकुंतला जी, एक मध्यम परिवार की कर्ताधर्ता अपने बेटे और बेटी की शादी करके निश्चिंत होकर अपनी जिंदगी के आखिरी सालों को जीना चाहती थी| बेटी की शादी बहुत ही अच्छे परिवार में हुई थी और बहू भी उन्हें बहुत ही अच्छी मिली थी । उन्हें लगने लगा था कि अब बचे कुचे साल बहुत ही आराम से निकलेंगे।

शकुंतला जी की बड़ी बेटी अश्विनी की शादी एक संयुक्त परिवार में हुई थी। छोटी-मोटी कहासुनी होने के कारण अश्विनी और उसके पति, अपने परिवार से अलग होकर एक छोटे से घर में रह रहे थे। अश्विनी के पति राजेश अपने भाई के साथ ही व्यवसाय करते थे लेकिन अलग होने के बाद उन्होंने एक नौकरी ढूंढ ली थी।

सबके साथ रहने के कारण अश्विनी और उसके पति राजेश को कभी असुविधा नहीं हुई, लेकिन जैसे ही अलग रहने लगे हर एक छोटी चीज खरीदनी पड़ती। राजेश की नौकरी अभी नई-नई थी, इसलिए राजेश ने अश्विनी से कहा कि हमें थोड़ी कर कसर करनी पड़ेगी। साल भर में सब ठीक हो जाएगा।

अश्विनी और शकुंतला जी एक ही शहर में थे इसलिए अश्विनी राजेश के ऑफिस जाते ही अपनी माँ के घर आ जाया करती थी। शकुंतला जी जानती थी कि अश्विनी को इस तरह कर कसर में रहना थोड़ा सा मुश्किल हो रहा है इसलिए घर की छोटी मोटी चीजें उसे दे दिया

करती जैसे कुछ रसोई का सामान, कुछ चादर, साड़ियाँ।

शकुंतला जी की बहू यह सब कुछ जानती थी, लेकिन उसे लगा ननद का अभी बुरा समय चल रहा है ठीक है, यदि मम्मी उनकी मदद कर दे तो कोई बुराई नहीं। अश्विनी को अब इन सब चीजों की आदत होने लगी थी। पहले जहां छोटी छोटी चीजों की कमी का रोना वह अपनी माँ के सामने रोती, अब बड़ी चीजों की बारी आई।

कभी कहती मिक्सर नहीं, तो कभी कह देती मेरे घर प्रेस नहीं है। कभी कहती पानी गंदा आता है कोई वॉटर फिल्टर नहीं हमारे घर। जब तक दस पंद्रह हजार तक की बात थी तब तक माँ ने सब कुछ किया और बहू बेटा भी कुछ नहीं बोले। राजेश को अश्विनी का इस तरह से अपने मायके से सामान लाना बिल्कुल पसंद नहीं था। उसने अश्विनी को कई बार मना किया कि इस तरह से अपने मायके से सामान ना लाया करे। साल भर में सब ठीक हो जाएगा और धीरे-धीरे करके वह अपनी गृहस्थी जमा लेगा, लेकिन अश्विनी को किसी भी चीज के बगैर नहीं चल रहा था तो वह यही कहती " ! मम्मी ने प्यार से दिया है, मना करना अच्छा नहीं लगता और भैया भाभी भी कहते हैं दीदी ले जाओ। अच्छा है ना हमारा घर जल्दी भर जाएगा, तुमको भी कम दिक्कत होगी। जब तुम्हारी तनख्वाह अच्छी हो जाएगी तो हम उन पैसों से कहीं घूमने जाएंगे। सामान तो सब मम्मी के घर से आ ही रहा है।"

अश्विनी के घर पर जो टीवी था वह खराब हो गया था, टीवी बहुत पुराना भी था। अश्विनी चाहती थी कि उसके घर में एक बड़ा सा टीवी हो। इस बार जब वह रक्षाबंधन के लिए अपने घर आई तो अपने भाई को कहने लगी 'मैं तुझसे बड़ी हूं, मुझे तुझे कुछ देना चाहिए पर देख ना क्या दे सकती हूँ मैं? मेरे घर में तो कुछ है ही नहीं।'

अश्विनी के भाई अमोल ने कहा 'अरे दीदी ! ऐसा क्या कहती हो? तुम्हारा आशीर्वाद ही बहुत है और हमें क्या चाहिए।'

अश्विनी ने कहा 'हां तुम्हारे घर पर तो सब कुछ है। मेरे घर पर टीवी भी नहीं है, पूरा दिन यूं ही बैठी रहती हूं। एक टीवी होता तो अच्छा होता।'

कोई कुछ नहीं बोला .....

बेरी के जाने के बाद शकुंतला जी ने अपने बेटे से कहा 'दीदी को टीवी खरीद कर दे दे'

अमोल ने कहा 'मम्मी क्या कह रही हो? अब तक बहुत सारा सामान दीदी के घर में हमने भेज दिया। टीवी खरीद कर देना क्या उचित होगा? जीजाजी को बुरा नहीं लगेगा? वैसे भी अक्सर कहते हैं मुझसे कि सामान मत भिजवाया करो।'

मां ने कहा 'अरे! रक्षाबंधन का तोहफा कह कर दे देना कुछ नहीं बोलेंगे दमाद बाबू।'

अब पानी सर के ऊपर जा रहा था इसलिए अब शकुंतला जी की बहू चेतना ने पहली बार अपनी सास से कहा ...' माँ दीदी के घर में जो भी सामान अब तक गया, मुझे कोई परेशानी नहीं हुई और अभी आप यदि टीवी भी दे देंगे तो मुझे कोई दिक्कत नहीं है, लेकिन मैं आपसे जरूर यह कहना चाहूंगी कि यह सही नहीं है। अश्विनी दीदी को अब खुद की गृहस्थी खुद ही संभालने दीजिए। उन्हें भी अपने घर के बजट को समझकर खर्चा करना आना ही चाहिए। जब राजेश जीजाजी कह रहे हैं कि साल भर में सब ठीक हो जाएगा तो दीदी को समझना चाहिए कि उनका मान रखें। आप अश्विनी दीदी को बहुत प्यार करती हैं, लेकिन आपका प्यार कहीं उनकी गृहस्थी ना तोड़ दे और यह भी याद रखें कि जरूरतें कभी खत्म नहीं होती।'

अमोल ने कहा 'हाँ माँ, चेतना सही कह रही है ।दीदी को तो बल्कि जीजाजी का साथ देना चाहिए। दीदी खुद इतनी पढ़ी लिखी है तो उन्हें कोई नौकरी कर लेनी चाहिए ताकि वे जीजाजी का साथ दे सकें और अपनी गृहस्थी को दोनों मिलकर चला सके। '

शकुंतला जी अब बहुत ही गुस्से में आ गई थी उन्होंने कहा 'सिर्फ टीवी खरीद को देने को कहा , उसमें तुम लोगों को इतना बुरा क्यों लग रहा है ? तेरे पापा पैसे छोड़ कर गए हैं उसमें अश्विनी का भी उतना ही हिस्सा है जितना तेरा, इसलिए तू आंखे तो दिखा मत मुझे।'

तभी चेतना ने कहा 'माँ पापा जो भी छोड़ कर गए हैं आप सब कुछ दीदी को दे सकती हैं, लेकिन याद रखिएगा कि वह ज्यादा दिनों तक नहीं चलेगा। इससे अच्छा है कि आप उन पैसों की एफ.डी. करा दें ताकि वह

पैसे उनके भविष्य में काम आ सके। रहा सवाल अभी की परेशानी का तो अभी दीदी और जीजाजी दोनों मिलकर बहुत अच्छे से अपनी जिंदगी पटरी पर ला सकते हैं। यदि दीदी को आपने अभी नहीं समझाया तो वह हमेशा हम पर निर्भर रहेंगी।'

शकुंतला जी गुस्से से बाहर चली गई। काफी दिनों तक इस विषय पर कोई चर्चा नहीं हुई। अश्विनी घर आकर माँ से अपने घर की कमियाँ गिनाती, लेकिन माँ कुछ नहीं कहती । बस अश्विनी को यह सलाह देने लगी कि उसे अब एक अच्छी नौकरी कर लेनी चाहिए, ताकि वह अपनी गृहस्थी को अच्छे से चला सके।

अश्विनी को यह बात समझ में आ गई कि उसके मायके से उसे कुछ नहीं मिलने वाला। उसने एक स्कूल में टीचर की जॉब ले ली और दोनों अश्विनी और राजेश मिलकर सब कुछ अच्छे से करने लगे।

अश्विनी और राजेश की शादी की सालगिरह आई। अश्विनी ने एक छोटा सा आयोजन रखा, जहां शकुंतला, चेतना , अमोल भी आए थे ।

केक कट करने के बाद जब राजेश और अश्विनी ने शकुंतला के पैर छुए तब शकुंतला जी ने अश्विनी राजेश के हाथ में कागज थमाया। अश्विनी ने जब कागज खोलकर देखा तो उसमें एक एफडी थी।

उसने कहा.... अरे ! माँ यह क्या है?'

अश्विनी की मां ने कहा 'बेटी, यह तेरे भविष्य के लिए है। तू अच्छी नौकरी कर रही है। तूने अपना घर कितने अच्छे से सजा लिया है। यह पैसे हैं जो तेरे पापा तेरे लिए छोड़ कर गए थे। मैंने तुझे पहले इसलिए नहीं दिए क्योंकि तब खर्च हो जाते और तू यह नौकरी भी नहीं करती। अब इन पैसों को भविष्य के लिए रख ले। यह हम सब की तरफ से तेरे लिए उपहार है।"

घर पर सभी खुश हो गए। शंकुतला जी ने सही समय पर अपने हाथ पीछे कर लिए थे वरना आज अश्विनी का जीवन कुछ अलग होता । न वो आत्मनिर्भर बनती और न ही थे भविष्य निधि बच पाती ।

16

मायाजाल

जैसे ही मैं वहां (पार्लर) पहुंची, पहुंचते ही सुंदर सी लड़की की बड़ी सी तस्वीर से मेरी आंखों को ठंडक पहुंची। बस मन में यही आशा थी कि बस जब यहां से वापस जाऊंगी तो मेरा रंग, रूप, मेरे बाल सब कुछ बस उस सुनहरे पर्दे पर आने वाली हीरोइन की तरह हो जाएंगे और मैंने दरवाजे पर लिखे हुए पुश को पुल कर के दरवाजे को खोलने की कोशिश की, जो हमेशा मेरे साथ होता है। ऐसा नहीं है कि अंग्रेजी कमजोर है पर ना जाने क्यों जब भी किसी दरवाजे पर पुश या पुल लिखा हो तो उल्टा ही खोलती हूं। खैर दो बार कोशिश करने के बाद आखिरकार मैंने दरवाज़े को खोल ही लिया।

अंदर जाते ही, न जाने कितनी सारी क्रीम, बहुत सारी अच्छी-अच्छी तस्वीरें वहां लगी हुई थी। 4 काली कुर्सियां और बड़ा सा आईना| ऐसा लग रहा था कि बस मैं सही जगह पहुंच ही गई और यहां से मैं पूरी तरह से एक हीरोइन बनकर बाहर निकलूंगी।

मैंने जाते ही कुछ लड़कियों को देखा, जिन्होंने अपनी ड्रेस के ऊपर काले रंग का एप्रन पहना हुआ था जिसमें उस पार्लर का नाम भी लिखा हुआ थ| उन्होंने मुझसे पूछा 'हां जी कहिए क्या करवाना है?'

मैंने थोड़ा सोचा फिर कहा 'मुझे फेशियल, वैक्स सब कुछ करवाना है|'

उन्होंने मुझे बड़ा सा मेन्यू कार्ड पकड़ाया और कहा 'आप अपना फेशियल इसमें से चूज़ कर सकते हैं। मेरी निगाह राइट साइड यानी कि दाहिने बाजू थी, जहां पर पैसे लिखे हुए थे, कोई भी फेशियल हजार रुपए के नीचे नहीं था और वो थी कि मुझे उस हजार रूपए के फेशियल पर जाने ही नहीं दे रही थी। तीन हज़ार के फेशियल कराने की मानो उसने ठान रखी थी।

कहने लगी 'मैडम आपकी स्किन है ना बहुत ड्राई हो गई है, आपको यही फेशियल करवाना चाहिए। बहुत दिनों से नहीं किया है लगता आपने फेशियल। स्किन बिल्कुल टैन हो गई है आपकी।'

उसका मेरी त्वचा के बारे में ऐसा बोलना, मुझे ऐसा लगा कि हां हां सचमुच मुझे कुछ करवाना चाहिए। मेरी सारी सहेलियों के चेहरे याद आने लगे, खासकर उसका जिसका चेहरा हमेशा दमकता रहता था।

मैंने कहा शायद यह फेशियल करवाने से मैं पूरी तरह बदल जाऊं। मैंने 2 मिनट सोचा कि पैसे कुछ ज्यादा ही हैं फिर अपने दिल की सुनी और कहा ठीक है यही फेशियल कर दो।

'इसका असर आएगा ना?' मैंने पूछा

पार्लर वाली को क्या था कहने लगी 'हां! मैडम बिल्कुल आप चिंता मत करिए। आप देखना कितना अच्छा फेशियल करते हैं हम आपका।आप चलिए।'

फिर क्या था? वो मुझे फेशियल के कमरे में ले आई। एक छोटा सा कमरा, जहां थोड़ा अंधेरा था, कई तरह की क्रीम रखी हुई थी और एक बेड जिस पर चढ़कर लेटना बड़ा ही मुश्किल काम था। कई लोगों की यूज़ की हुई गाउन थी हालांकि धुली हुई थी मगर फिर भी पहनने में कुछ अच्छा नहीं लग रहा था। लेकिन फिर सोचा, आज तो बस बिल्कुल पूरी तरह से बदल कर ही जाऊंगी यहां से।

उसने हल्की-हल्की मसाज करनी शुरू की। म्यूजिक भी लगा दिया। मसाज का काम हो ही रहा था कि कोई सहकर्मी वहां आ गई और कहने लगी मुझे यह क्रीम चाहिए जरा देना।

मुझसे मसाज के बीच में यह हल्ला बर्दाश्त नहीं हो रहा था लेकिन बर्दाश्त किया करीब 5-7 मिनट बाद उसने न जाने कितनी क्रीम लगाई,

जेल लगाया, भाप दी, ब्लैक हेड्स निकले| मैंने उसके मसाज का आनंद लेना शुरू किया कि तभी मुझे एहसास हुआ कि वह तो मुझे अब फेस पैक लगा रही है। मैंने उससे पूछा 'क्या फेशियल हो गया?'

उसने कहा मैडम 20 मिनट की मसाज कर दी मैंने आपकी। आप फेस पैक लगा कर 20 मिनट रखिए।

ऐसे सुनते ही ऐसा लगा मानो मेरे पैसे बर्बाद ही हो गए। ऐसा अक्सर ही होता है पार्लर में। हमें लगता है अच्छा मसाज होगा हमें आराम मिलेगा लेकिन उसमें 20 मिनट तो यह फेस पैक का भी जोड़ लेते हैं। जैसे तैसे उस फेस पैक को लगाकर 20 मिनट तक मैं वहां लेटी रही। यहां वहां से आवाज आ रही थी। मन नहीं लग रहा था लेकिन 20 मिनट के बाद उसने मेरे फेस को क्लीन किया और बोली चलिए आपकी बाकी सारी सर्विस भी हम कर देते हैं।

मैंने सोचा भाई आई हूं तो करवा कर ही जाऊं। वैक्स करते समय भी कहने लगी आपने पिछली बार लगता है नॉर्मल वैक्स करवाया है। आपको चॉकलेट या फिर रिका का वैक्स करवाना चाहिए, वह और भी अच्छा होता है।

जब मैंने उसके पैसे पूछे तो पूरी तरह से दोगुने थे। मैंने कहा ठीक है, अच्छा वाला कर दे। इस बार ऐसा लग रहा था कि मैं उनकी मायाजाल में फंसती चली जा रही हूं। फिर बात आई मेरे बालों की। बालों को देखते हुए बोली "बहुत रूखे, बेजान हो गए आपके बाल| आप कोई लोशन नहीं लगाती? कौन सा शैंपू लगाती हैं आप? आपको ये वाला शैंपू लगाना चाहिए।"

फिर से वही हुआ उसने कहा यह शैंपू बहुत अच्छा है। शैंपू से आपके बाल सुंदर और चमकदार हो जाएंगे। लेकिन अब तक मैं उनके मायाजाल से धीरे-धीरे बाहर निकल रही थी क्योंकि जैसे ही मैंने उसकी रकम पूछी तो उतनी रकम तो मेरे पास नहीं थी। मैंने साफ मना कर दिया। बाल काटे तो सही, लेकिन लगा ही नहीं क्योंकि बाल जैसे पहले थे वैसे ही लग रहे थे। कुछ खास परिवर्तन नहीं आया, ना मेरे चेहरे पर, ना मेरे बालों पर।

मैंने सोचा चलो ठीक है जो हो गया हो गया। दिल टूट गया था लेकिन लगा शायद चेहरा चमकदार हो गया होगा। घर पहुंची खुद को न जाने कितनी बार देखा। बालों को कितनी बार सेट किया। लग रहा था कि कुछ बदला नहीं, वैसा का वैसा ही है सब कुछ। फिर सोचा नहीं नहीं 2 दिन के बाद असर आएगा।

2 दिन बाद मैंने सोचा पतिदेव को पूछ लिया जाए। मैंने उनसे पूछा क्या मेरे चेहरे पर कोई बदलाव दिख रहा है? 2 दिन पहले ही फेशियल करवाया है और इस बार तो अच्छा वाला करवाया था। पतिदेव ने 2 मिनट लगाया और कहा 'हां अच्छा तो लग रहा है लेकिन इतना भी कुछ बदला नहीं चेहरा तुम्हारा, वैसे भी तुम तो अच्छी ही हो।'

लो जनाब इतनी मेहनत करके मैं पार्लर गई, पैसे खर्च किए और मिला क्या? इससे अच्छा तो घर के ही नुस्खे अपना लेती तो, चेहरा निखर जाता मेरा।

17

मालकिन

रामप्रसाद जी अस्पताल में पिछले चार दिनों से भर्ती थे। डॉक्टर के कहे अनुसार उन्हें फेफड़ों में इंफेक्शन हो गया था, जिसके चलते उन्हें सांस लेने में तकलीफ हो रही थी।

रामप्रसाद जी के दोनों ही बेटे उस समय उनके साथ थे। बड़ी बहू शिखा सुबह से रात तक सबके खाने का इंतजाम करती, घर के सारे काम भी करती| छोटा बेटा दफ्तर से छुट्टियां लेकर अपने पिता के इलाज के लिए आ गया था, लेकिन अपनी पत्नी और बेटे को नहीं लेकर आया क्योंकि बेटे की परीक्षा चल रही थी।

रामप्रसाद जी की हालत में सुधार हो रहा था। सभी को इस बात की खुशी भी थी कि रामप्रसाद जी अब जल्द ही ठीक हो जाएंगे और घर आ जाएंगे| आज रामप्रसाद जी ने बात करने की कोशिश की और सबसे पहला प्रश्न उन्होंने अपने बड़े बेटे से पूछा "क्यों रजिस्ट्री हो गई क्या घर की?"

बड़े बेटे ने भी जवाब दिया "हां पिताजी, सब ठीक से हो गया है। आप बिल्कुल चिंता ना करें।"

रामप्रसाद जी के बड़े बेटे संतोष ने शहर में एक घर खरीदा था जो पचास लाख का आया था और जिसकी रजिस्ट्री होनी बाकी थी। इस मकान को खरीदने का निर्णय संतोष और उसकी पत्नी दोनों का ही था, क्योंकि वह दोनों चाहते थे कि उनके बच्चे बड़े शहर में पढ़ सकें। उन्हें

कॉलेज जाने आने में तकलीफ ना हो| रामप्रसाद जी कभी नहीं चाहते थे कि वह दूसरे शहर में जाएं, लेकिन बच्चों के निर्णय लेने के बाद कुछ कर ना सके।

रजिस्ट्री हो जाने के बाद बात सुनकर रामप्रसाद जी ने कहा "हां, अब तो बहू बड़ी खुश होगी। पचास लाख की मालकिन जो हो गई। अब हमारे साथ रहना नहीं पड़ेगा उसे। शहर में रहना चाहती है वो। बहू तुम्हें भी बहला-फुसलाकर आखिर ले ही गई।"

सभी आश्चर्यचकित थे कि इस हालत में रामप्रसाद जी इस तरह की बातें क्यों कर रहे हैं? आज उनकी बहू और बेटे ही उनकी सेवा कर रहे हैं और वे इतनी बात को समझ नहीं पा रहे कि उन्होंने जो निर्णय लिया उन्होंने अपने बच्चों के भविष्य के अच्छे के लिए लिया। उनकी हालत खराब होने की वजह से किसी ने कोई जवाब नहीं दिया।

करीब 15 दिनों के बाद जब वह स्वस्थ हो गए और घर भी आ गए, तब रामप्रसाद जी को मिलने के लिए उनका छोटा बेटा, बहू और पोता आए। छोटे बेटे और बहू ने अपने पिताजी को प्यार से समझाने की कोशिश की। उन्होंने कहा "पिता जी मेरी तो नौकरी पहले से ही दूसरे शहर में थी, इसलिए मैं दूसरे शहर में रहता था। कई बार आप लोगों से कहा आप मेरे साथ रहें, लेकिन आप नहीं आए| बड़े भैया और भाभी आपके साथ रहते थे, लेकिन अब उनके बच्चे कॉलेज में आ गए हैं| उन्हें असुविधा हो रही है इसलिए उन्होंने शहर में घर लिया है। परिस्थितियां ऐसी हो जाती हैं पापा कि हम सभी को थोड़ा बहुत एडजस्ट करना पड़ता है| लेकिन आपने अपने मन का पूरा का पूरा गुबार शिखा भाभी पर निकाला जो उचित नहीं था। शिखा भाभी ने आपकी इतनी सेवा की और आपने सीधे-सीधे यह कह दिया कि पचास लाख की मालकिन बनकर बहुत खुश हो रही होगी। ऐसा बिल्कुल भी नहीं था क्योंकि घर लेने का फैसला जितना शिखा भाभी का था उतना संतोष भैया का भी था। तो फिर एक बहू को ही हमेशा गलत कह दे क्या यह उचित है? हम शहर में अलग रहते हैं साल में एक या दो बार ही आपसे मिलने आ पाते हैं, लेकिन भैया और भाभी हमेशा आपके साथ थे और अब भी उन्होंने जो घर लिया है वह सिर्फ मजबूरी में लिया है| लेकिन आपको उनकी खुशी में खुश होने की

बजाय भाभी पर ऐसा इल्जाम लगाते देख अच्छा नहीं लगा। कभी-कभी इंसान के कहे हुए शब्द दूसरों की भावनाओं को, उसकी आत्मा को ठेस पहुंचा सकते हैं। उस घर की रजिस्ट्री भी हो गई है और वह घर पूरी तरह से रहने के लिए तैयार है, लेकिन फिर भी भैया और भाभी अभी तक वहां रहने नहीं गए क्योंकि आप अभी पूरी तरह से स्वस्थ नहीं हुए। अब भी आप यही कहेंगे कि वह पचास लाख की मालकिन को आपके साथ रहना अच्छा नहीं लगता? पिताजी इस तरह कटु शब्दों का प्रयोग मत किया करें।"

रामप्रसाद जी अपने छोटे बेटे की बात सुनकर मन ही मन सोच रहे थे कि शायद उनसे गलती हो गई है, उन्हें अपनी बहू को इस तरह नहीं कहना चाहिए था।

छोटे बेटे और बहू दो-तीन दिन में वापस शहर निकल गए। शिखा और संतोष ने कभी इस बात की शिकायत अपने पिता से नहीं की। रामप्रसाद जी को अपने कहे हुए शब्दों पर अफसोस भी हो रहा था। उन्हें सारी बातें भी याद आ रही थीं कि किस तरह बड़ी बहु ने उनकी सेवा की| संतोष दवाखाने के चक्कर लगाता रहा। सभी कितना उनके बारे में ध्यान रखते हैं, कितना सोचते हैं, लेकिन उन्होंने बहू पर ही इल्जाम लगा दिए थे।

उन्होंने शिखा को आवाज लगा कर बुलाया और कहा "बहु मुझसे गलती हुई है। मैंने अस्पताल में जो बात कही वह मुझे नहीं कहनी चाहिए थी। मैं जानता हूं कि तुम एक बहुत सुशील समझदार बहू हो| लेकिन फिर भी तुम्हारे अलग जाकर रहने की बात से ही मुझे कुछ अच्छा नहीं लग रहा था, इसीलिए मुझसे ऐसी बातें निकली।"

शिखा ने भी अपने ससुर से कहा "कोई बात नहीं पिताजी। आप बड़े हैं, आपका हक बनता है। हम चाहते हैं कि आप हमारे साथ आकर वहीं रहें लेकिन यह भी सही है कि आप इस जगह को नहीं छोड़ना चाहते। ये सब के लिए बहुत ही कठिन घड़ी है। यूँ देखें तो हम तीनों ही अपनी-अपनी जगह सही हैं| जहां छोटे भैया और उनकी पत्नी को शहर में उनकी नौकरी के चलते रहना पड़ता है, वैसे ही आपको यह गांव यह जगह छोड़ने की इच्छा नहीं और हमें हमारे बच्चों के भविष्य के लिए शहर में जाना

ही पड़ेगा, ताकि उन्हें कॉलेज आने जाने में समस्या ना हो। समस्या को सुलझा लेना चाहिए बाबूजी, वरना समस्याएं हमारे रिश्तो को, संबंधों को बर्बाद कर देंगी।"

तभी रामप्रसाद जी ने कहा "हां बहू, तुम ठीक कह रही हो। यह सारी चीजें तो हमेशा चलती ही रहेंगी पर तुम लोग चिंता मत करो। तुम्हारे घर की रजिस्ट्री हो गई है, तुम्हारा घर रहने के लिए तैयार भी है, तो तुम लोग दोनों आराम से जाओ| बच्चों का दाखिला वहां हो चुका है। मैं और तुम्हारी मां यहां रहेंगे और जब मन करेगा कभी हम आ जाया करेंगे, कभी तुम लोग आ जाया करना।"

तभी उन्होंने संतोष को भी बुलाया और उससे कहा "बेटा उस दिन तो मैंने गुस्से में कहा था कि पचास लाख की मालकिन होकर शिखा को बहुत खुशी हो रही होगी। लेकिन आज सच कहूं तो इस मालकिन को देखकर मुझे खुशी हो रही है। इसने अब तक जो भी किया वो कभी हमारे लिए, कभी तेरे लिए और अब अपने बच्चों के लिए सही कर रही है।

18

विदाई दुल्हे की

आज अजय और नीरजा की शादी हुई। अजय अपने माता पिता को छोड़ नीरजा के घर आ गया। जी हां आपने बिल्कुल सही पढ़ा है, आज बेटी की नहीं, बेटे की विदाई हुई है। अजय जो कि एक चार्टर्ड अकाउंटेंट है, बहुत ही समझदार सुलझा हुआ इंसान है। दूसरी ओर नीरजा एक डॉक्टर है। दोनों की जोड़ी बहुत ही अच्छी है।

चलिए तो शुरू करते हैं सास और बहू की नहीं ससुर और दामाद की यह बड़ी ही रोचक कहानी| जैसा कि पहले आपने पढ़ा कि अजय नीरजा के घर शादी करके आया है। अजय और निरजा की पहली रात बहुत अच्छी रही। सुबह उठते ही अजय ने जब अपनी आंखें घुमाई, तब उसे याद आया कि वह अपने घर नहीं नीरजा के घर पर है। कल तक जो सामान उसे अपने वार्डरोब से मिल जाता था आज अपना तौलिया भी उसे सूटकेस खोलकर निकालना है।

खैर नीरजा ने आश्वासन दिया कि जल्दी ही अपने कबर्ड में कुछ जगह अजय के लिए भी कर देगी। कमरे से निकल कर दामाद आ गए न्यूज़पेपर की तलब में लिविंग रूम में। देखा तो ससुर हिंदी अखबार पढ़ रहे थे। अजय को तो हमेशा से ही इकनॉमिक टाइम्स पढ़ने की आदत थी।

उसने कहा "पापा इकनॉमिक टाइम्स बंधवा लेते हैं, मैं तो वही पढ़ता हूं।"

ससुर जी ने कहा "एक रात हुई नहीं हुई कि तुमने अपनी अपनी बोलना शुरु कर दिया। अरे! भाई हिंदी अखबार में भी सब कुछ आता है। सिर्फ अंग्रेजी अखबार ही सब कुछ नहीं होता।"

चलिए तो शुभारंभ हो गया ससुर और दामाद के नोक झोंक भरे खट्टे-मीठे रिश्ते का।

सासु मां ने नाश्ते के लिए दोनों को बुलाया। ससुर जी ने बड़े प्यार से पराठे की ओर देखा ।तो दामाद बाबू अपना ओट्स ढूंढते रह गए ।

सासू मां को बोला..." मम्मी ओट्स नहीं है क्या???"

ससुर जी ने अपनी नाक घुसेड़ी और कहा.." अरे !!!बरखुरदर उस अंग्रेजी नाश्ते में क्या रखा है ???इस देसी पराठे में ही असली ताकत होती है।"

दमाद बाबू क्या करते ... पहला ही दिन था जो मिला खाया और दफ्तर के लिए निकल गए । दफ्तर से लौटने का समय दामाद बाबू का कुछ 9:00 बजे का था ।घर पहुंचते 10:00 बज गए।

ससुर जी नाराज हुए उन्होंने फिर टोका और कहा..." भाई देखो दोपहर का खाना तो साथ नहीं खा सकते ।लेकिन यह आदत डालो कि रात का खाना घर पर सब साथ में खाएं। भाई मेरी बेटी भी नौकरी करती है वह तो समय पर आ गई तुम्हें कहां पार्टी करनी थी।"

दमाद चुप रहे ।सोचा चलो ठीक है संस्कार है ।अपने बड़े हैं सुन लेता हूं।

धीरे-धीरे करके दमाद बाबू इस घर में खुद को एडजस्ट करने की कोशिश कर रहे थे। साले साहब ने भी दमाद बाबू पर अब अटैक करना शुरू कर दिया था ।कभी दमाद बाबू का लैपटॉप तो कभी फोन तो कभी टेबलेट साले साहब बिना किसी हिचक के अपने साथ ले जाते ।बैटरी जब तक खत्म ना हो जाती तब तक उसे इस्तेमाल करते और फिर दमाद बाबू को दे देते।

दमाद बाबू भी क्या करें साले साहब को कुछ बोलते तो ससुर साहब लड़ जाते।(ननद की याद आई आपको

पत्नी को बोले तो पत्नी दो आंसू बहा देती थी और कहती कि मैं जानती हूं तुम सही हूं लेकिन मेरा भाई और पापा भी सही है ।अब मैं तुम

लोगों के बीच में क्या बोलूं ??

यह घर तुम्हारा है तुम इसे अपना ही समझो ।धीरे-धीरे सब ठीक हो जाएगा। मैं कोशिश करूंगी कि तुम्हें कोई परेशानी ना हो लेकिन मैं उन्हें तुम्हारे लिए कुछ कहूंगी तो कहेंगे कि अपने पति का साइड लेती हूं।

कुछ-कुछ सास बहू की और बेटे की याद नहीं आ रही है आप लोगों को ।किस तरह सास बहू की लड़ाई में बेटा पिसता है ।बस उसी तरह आज ससुर और दामाद की लड़ाई में बेटी पिस रही है।

पैसों का इन्वेस्टमेंट हो या कहीं शादी में जाना , घर का महीने का खर्चा या वेकेशन का प्लान हो। ससुर और दामाद के विचार कभी मिले ही नहीं। हालांकि ससुर को कभी दमाद की सोच अच्छी भी लगे तो ना जाने क्यों वह हमेशा उसके विरुद्ध ही रहते ।

शायद उन्हें अपने तख्तो ताज की चिंता होने लगी थी। उन्हें लगने लगा था कि यदि दामाद की हर बात को मान लिया गया तो कल को इस घर का कर्ताधर्ता वही बन जाएगा। बस यही चिंता उन्हें हो रही थी।

जैसे कि एक सास को होती है बहू आती है सब कुछ अपने हिसाब से और अच्छी तरह करने लगती है तो सास को लगता है अब तो मेरा राजपाट खत्म हो गया।

खैर छोटी-छोटी बातों को लेकर मतभेद होना आम सी बात हो गई ।अब तो दामाद भी उन बातों को नजरअंदाज कर देते थे ।

ससुर ने अपने दामाद की कमियों को लोगों को पहुंचाना शुरू कर दिया था। कभी दमाद के माता-पिता को शिकायत लगाते तो कभी आस-पड़ोस के दोस्तों के बीच दमाद की शिकायतें करते पाए जाते।

बात अब बढ़ गई थी पानी धीरे-धीरे सर के ऊपर जाने लगा था ।दमाद बाबू ने अपनी पत्नी से कई बार इनडायरेक्टली यह कहा क्यों ना हम अलग हो जाए ...!

पत्नी ने एक ही जवाब दिया तुम थोड़ा एडजस्ट करो। पापा इतने भी बुरे नहीं हैं। मैं अपने मम्मी पापा को इस उमर में अकेला कैसे छोड़ दूं?

दफ्तर से आकर जहां टीवी पर अंग्रजी समाचार देखने की आदत थी, वही पापा जी टीवी पर न जाने क्या देखा करते थे ।सोचा अलग टीवी कमरे में लगवा ले और इस पर भी पापा जी ने बवाल खड़ा कर दिया।

उन्होंने कहा आज टीवी अलग लाए हैं ,कल को घर दो हिस्सों में बांट देगा।

रोज छोटे-मोटे बम पटाखे फूटते रहते घर में।

बेटी कभी पिता को तो कभी पति को संभालती रहती। यहां तक कि दोनों को साथ में जाना हो तो भी मुश्किल हो जाती।

खाने की मेज पर भी जो बेटी को पसंद हो वह बनता या तो ससुर जी के पसंद का होता ।दामाद बाबू तो कभी-कभी छुप छुपा कर बाहर ही खा लिया करते थे।

ससुर और दमाद में सबसे बड़ी लड़ाई तब होती जब कहीं इन्वेस्टमेंट करना होता ।दमाद अपने नए तरीके बताता तो ससुर एफडी को ही सही मानते। जनरेशन गैप की वजह से दोनों के विचारों में जमीन आसमान का फर्क था।

बात बहुत छोटी सी थी, लेकिन समझने को दोनों ही तैयार नहीं थे।

बिल्कुल उसी तरह जैसे की सास और बहू में होता है। वैसा ही यहां ससुर और दमाद में हुआ।

बीच का रास्ता कौन निकालेगा और कैसे निकलेगा?

शायद यह भी सास बहू की नोकझोंक भरी कहानी की तरह ही है जिसमें ना सास गलत होती है ना बहू। उसी तरह ना ससुर गलत है ना दमाद। बस एक दूसरे को समझने की एक छोटी सी कोशिश करने की देर है।

इतने सालों से सास बहू के समीकरणों को लेकर इतनी कहानियां, इतने लेख छप चुके हैं| लेकिन कहीं भी दोनों के बीच दोस्ती हो जाए ऐसा कोई रास्ता नहीं मिला। तो फिर एक दामाद और ससुर की बीच की यह लड़ाई कैसे खत्म हो सकती है?

बात बस इतनी सी है कि इंसान अपने ही अहंकार को इतना महत्व देता है कि फिर रिश्ते नाते, घर की हंसी-खुशी सब दांव पर लग जाते हैं। यह तो एक कहानी थी पर असल जिंदगी में भी ऐसा ही होता है। हर एक इंसान को लगता है वह सही है और दूसरा गलत। काश कभी दूसरे को सही मान लें, कभी दूसरों को भी महत्व दे दें, कभी दूसरों की राय मानकर उस रास्ते पर चल लें, तो शायद सारे समीकरण बिल्कुल सही हो जाएंगे|

19

जॉब वाली बहू

संगमरमर की ऊंची-ऊंची चट्टानों के बीच में बहती नर्मदा नदी। ऐसा मनोरम दृश्य किसकी आंखों को ठंडक नहीं देगा। भेड़ाघाट (धुआंधार) जिसे देखने कई सैलानी जबलपुर जाते हैं। इसी शहर में रहती है लतिका। अपनी इंजीनियरिंग की पढ़ाई करने के बाद बेंगलुरु में बहुत अच्छी नौकरी मिल जाने से खुश लतिका अपने प्रिय शहर को छोड़कर बेंगलुरु पहुंच गई थी।

लतिका सरल, समझदार, सुघड़ लड़की थी, जिसके कारण वह लोगों को पहली नजर में भा जाती थी। विवाह योग्य होते ही रिश्तों की लाइन लग गई। लतिका के पिता बहुत सोच समझकर लतिका का विवाह करना चाहते थे। जैसा कि हर एक लड़की के माता-पिता सोचते हैं कि उनकी बेटी का विवाह ऐसे घर में हो जहां उनकी बेटी सुखी रहे।

कई रिश्तों के बीच एक रिश्ता उनकी आंखों को भाया। यह रिश्ता नागपुर निवासी गुप्ता जी के घर का था। गुप्ता जी का लड़का सिद्धार्थ चार्टर्ड अकाउंटेंट था, जो मुंबई में नौकरी करता था। हालांकि मुंबई में उसने अभी तक कोई घर नहीं खरीदा था, लेकिन नागपुर में बहुत बड़ा बंगला था उनका जो उन्होंने दो साल पहले ही बनवाया था।

दोनों परिवार आपस में मिले। लतिका और सिद्धार्थ ने भी आपस में बातें की। दोनों एक दूसरे से मिलकर खुश थे और उन्होंने इस रिश्ते को हामी दे दी। सिद्धार्थ के माता-पिता लतिका से काफी खुश थे। उन्होंने

सगाई की रस्म भी निभा दी। सगाई के बाद शादी की तारीख करीब 6 महीने के बाद निकली।

इस दौरान लतिका बंगलुरु में अपने काम में व्यस्त रही और सिद्धार्थ मुंबई में। सिद्धार्थ की माताजी चाहती थी कि यह विवाह बहुत ही धूमधाम से हो। शादी की तैयारियों को लेकर अक्सर वे लतिका के माता-पिता से बातें किया करती थीं। दोनों परिवार शादी को लेकर काफी खुश थे और तैयारियों में बहुत व्यस्त हो चुके थे।

लतिका बंगलुरु में अपने काम में व्यस्त थी, लेकिन कुछ दिनों बाद उसे टाइफाइड हो गया। शादी को बस अब कुछ ही समय बाकी था कि उसकी बीमारी की खबर सुनते ही उसके माता-पिता ने उसे वापस जबलपुर आने को कह दिया। उसके पिता ने उससे कहा कि शादी के बाद वैसे भी वह बंगलुरु में नौकरी शायद ना कर पाए, तो बेहतर है कि वह नौकरी छोड़ दे और शादी के बाद जब उसे उचित लगे तब फिर से नौकरी कर ले।

लतिका को भी यह बात सही लगी। उसे मालूम था कि उसे नौकरी आराम से मिल जाएगी लेकिन अपनी सेहत के साथ अब वह कोई भी समझौता नहीं करना चाहती थी। उसने बंगलुरु की कंपनी में अपना त्यागपत्र दे दिया और जबलपुर आ गई। सिद्धार्थ यह सब कुछ जानता था।

एक दिन सिद्धार्थ की मां ने जब जबलपुर फोन किया तब फोन लतिका ने उठाया और लतिका ने जो था सब बता दिया कि कैसे तबीयत खराब होने की वजह से उसे बेंगलुरु की नौकरी छोड़नी पड़ी और अब वह शादी के कुछ महीनों के बाद ही नौकरी करना चाहेगी क्योंकि वह अपनी तबीयत को लेकर बहुत फिक्रमंद हो गई थी।

यह बात सुनते ही सिद्धार्थ की मां न जाने क्यों अपने तेवर बदलते हुए बोली..' अरे ऐसे कैसे बिना पूछे नौकरी छोड़ दी?? अच्छी खासी नौकरी थी। तबीयत खराब थी तो मम्मी पापा को बुला लेती ।इतनी अच्छी नौकरी अब कहां मिलेगी तुझे?'

लतिका अपनी होने वाली सास के मुंह से ऐसी बातें सुनकर हैरान थी। जहां वह यह आशा कर रही थी कि उसकी सास उसकी तबीयत को लेकर

फिकर जाहिर करेंगे वही उसकी सास ने नौकरी छोड़ने का गुस्सा उस पर दिखाया।

लतिका को यह बात कुछ अजीब लगी। फोन पर तो ज्यादा बातें हुई नहीं।

फोन रखने के बाद लतिका ने अपने माता-पिता से यह बात साफ साफ शब्दों में कह दी कि दाल में जरूर कुछ काला है शायद उन्होंने सिद्धार्थ के लिए मुझे इसलिए चुना क्योंकि मैं कामकाजी लड़की हूं।

शायद उन्हें मेरी कमाई से ज्यादा सरोकार है।

सिद्धार्थ के तरफ से कभी ऐसी कोई बात नहीं आई थी।

लेकिन लतिका के पिता चिंतित हो गए और उन्होंने अपने पहचान वालों से यह बात जानने की कोशिश की, कि आखिर माजरा क्या है??

तब जाकर उन्हें यह पता चला कि उन्होंने जो 2 साल पहले नागपुर शहर में इतना बड़ा बंगला खरीदा है, वह बंगला उन्होंने लोन पर लिया है। जिसकी हर महीने किश्तें देनी होती है।और वे एक ऐसी लड़की की ही तलाश में थे जो अच्छी नौकरी करती हो और अच्छा कमाती हो ताकि वे उसकी कमाई से अपने घर का लोन चुका सकें।

यह बात पता चलते ही लतिका और उसके परिवार वालों को आघात पहुंचा।

उन्हें इस बात की कोई परेशानी नहीं थी कि लतिका भविष्य में अपने ही पैसों से अपना खुद का घर बनाएगी ,लेकिन अपने सास और ससुर के इतने बड़े घर का इतना बडे लोन को चुकाने की हिम्मत लतिका में तो बिल्कुल भी नहीं थी।

लतिका का नौकरी करना है उसका निजी फैसला है। अभी तबीयत खराब होने की वजह से नौकरी छोड़नी पड़ी तो हो सकता है भविष्य में जब उसे अपने परिवार को आगे बढ़ाना होगा तो भी उसे नौकरी छोड़नी होगी या किसी और कारण से, लेकिन यह उसका खुद का फैसला होना चाहिए। नौकरी करना उसकी मजबूरी नहीं होनी चाहिए। लतिका ने सिद्धार्थ से इस बारे में खुलकर बातें की| उसने सिद्धार्थ को बताया कि बेशक मैं तुम्हारी पत्नी बनने के लिए तैयार थी, लेकिन मुझे लोन की किश्त चुकाने के लिए एक मशीन बनने में कोई दिलचस्पी नहीं है।

लतिका ने सिद्धार्थ के साथ अपने रिश्ते को वहीं विराम दे दिया। सिद्धार्थ ने भी लतिका से इस बारे में अपनी सफाई कभी नहीं दी क्योंकि वह जानता था कि गलती उसकी तरफ से ही हुई है। माता-पिता ने चादर से बाहर पैर फैलाए और इतना बड़ा घर यह सोचकर खरीद लिया कि सिद्धार्थ की पत्नी कामकाजी महिला होगी और लोन चुकाएगी।

20
माँ

घर के दरवाजे पर लगातार तीन-चार घंटियां बजते ही, अनु दौड़कर रसोईघर से दरवाजा खोलने पहुंची, जैसे ही दरवाजा खोला तो सामने देखा उसका 15 साल का बेटा राहुल खड़ा था। अनु ने दरवाजा खोलते हुए राहुल से पूछा "अरे!! ऐसा क्या हो गया? इतनी घंटियां क्यों बजा रहा था?"राहुल ने जवाब दिया "मम्मी हटो यार फुटबॉल खेलते समय चोट लग गई है।"

अनु ने फिक्र जताते हुए उसके पैरों की तरफ देखा तो उसे खरोच आई थी।

अनु ने कहा "अरे कैसे हो गया यह"?

राहुल ने फिर से गुस्से से कहा "अरे यार, हटो ना जाने दो अंदर मुझे अपने कमरे में। बहुत दर्द हो रहा है"|

अनु ने कहा 'तू तो बहुत बहादुर लड़का है। छोटी सी खरोच ही लग रही है। शाम तक ठीक हो जाएगी। मैं अभी क्रीम लगा देती हूं।'

राहुल मैच हारने का सारा गुस्सा मां पर निकालते हुए बोला "आपने कभी फुटबॉल खेला हो तो ना! मुझे बहुत दर्द हो रहा है। अरे छोड़ो, आपको क्या पता दर्द क्या होता है? आराम से घर पर ही तो रहती हो।"

अनु को अपने ही बेटे से ये शब्द सुनकर ठेस पहुंची, लेकिन एक मां अपने बच्चे की तकलीफ देखकर बाकी किसी चीज के बारे में नहीं सोचती। जल्दी से जाकर एंटीसेप्टिक ले आई।

यह सारी मां बेटे की बातें राहुल के पिता शिखर ने सुन ली थी, लेकिन मां बेटे के बीच में बोलना उचित नहीं समझा।

अनु ने राहुल की खरोच को साफ करके उस पर क्रीम लगा दी और वापस अपने रसोई के कामों में जुट गई।

राहुल कानों में ईयर फोन लगाकर गाने सुनने में मस्त था। यह सोचे बगैर कि आज उसने कितनी बड़ी चोट अपनी मां के दिल पर पहुंचाई है।

तभी शिखर उसके कमरे में आया और उसे इशारा करके ईयर फोन निकालने को कहा। राहुल समझ गया कि पापा कुछ खास कहना चाहते हैं। शिखर ने उसके हाथों में काले रंग की डायरी थमा दी और कहा जब अपने गानों से और दोस्तों से फुर्सत मिले, तो डायरी के कुछ पन्ने जरूर पढ़ लेना। यह कहकर वो राहुल के कमरे से चला गया।

राहुल ने डायरी पहली बार देखी थी। उसने अपना फोन किनारे करते हुए डायरी के पन्ने खोले। उसने पढ़ना शुरू किया जिसमें लिखा था "शिखर और अनु की जिंदगी में ढेर सारी खुशियां लाने वाले मेहमान का स्वागत है।"

ऐसा पढ़कर राहुल को उस डायरी के आगे के पन्नों को पढ़ने की उत्सुकता बढ़ गई। वह समझ गया कि इसमें उसके जन्म को लेकर कुछ बातें लिखी हुई हैं।

अगला पन्ना खोलते ही उसने पढा "आज मैं और अनु बहुत खुश हैं। आज ही हमें पता चला है कि हमारे घर प्यारा सा मेहमान आने वाला है। हम दोनों बहुत खुश हैं। कोशिश करेंगे कि हम हमारे आने वाले बच्चे के लिए सब कुछ कर सकें। उसे दुनिया की सारी खुशियां दे सकें।"

कुछ पन्नों को पढ़ने के बाद एक पन्ना आया जिसमें उसने पढा "आज अनु को सातवें महीने की सोनोग्राफी कराने ले गया था। हमने आज हमारे बच्चे की छवि देखी। उसकी धड़कनों को महसूस किया। मैं और अनु बहुत खुश हैं।"

आगे के पन्नों पर लिखा था "बस कुछ ही दिन बाकी हैं जब मेरी और अनु की गोद में एक प्यारा सा मेहमान होगा। हमारा अंश, हमारा बच्चा।"

"आज अनु को देखकर लगता है क्या यह वही अन्नू है जो दौड़ दौड़ कर मुंबई की ट्रेन पकड़ लेती थी और आज हर एक कदम इतने ध्यान से उठाती है कि कहीं उसके बच्चे को तकलीफ ना हो जाए| अनु जो हमेशा खुद के फिगर को लेकर हमेशा ध्यान रखती थी आज इतना वजन बढ़ने के बाद भी वह खुश है। यही चाहती है कि उसका बच्चा स्वस्थ पैदा हो। अनु जिसे जासूसी, डरावनी, थ्रिलर वाली पिक्चरें पसंद थीं, आज वह ऐसी पुस्तकें पढ़ती है जिससे उसे बच्चे की परवरिश में सहायता मिल सके। मैं तो शायद उस दिन पिता बनूंगा जिस दिन मेरा बच्चा मेरे हाथों में होगा, लेकिन मेरी अनु तो तभी मां बन गई जब उसे पता चला कि हमारा अंश उसके भीतर है।"

राहुल डायरी के पन्ने पढ़ते जा रहा था और उसे उन सारे पलों को महसूस करने का मौका मिला जो उसके माता-पिता ने महसूस किए थे।

आखरी के दो पन्ने पढ़ने बस बाकी थे। उसने पढ़ना जारी रखा।

"आज अनु को तेज दर्द हुआ, हम डर गए थे| लेकिन अनु ने मुझे संभालते हुए कहा, तुम डरो मत बस जल्दी से डॉक्टर के पास चलो। हमारे वहां पहुंचते ही डॉक्टर ने अनु को देखा, उन्होंने कहा अभी समय है। कुछ घंटों के बाद देखते हैं, आप एडमिट हो जाएँ।"

मैंने उनसे कहा 'अनु को तेज दर्द हो रहा है, शायद यह लेबर पेन है।'

डॉक्टर मुस्कुराती हुई बोली 'आप शायद नहीं जानते कि जब एक स्त्री मां बनती हैं, उस समय का दर्द कैसा दर्द होता है| उस दर्द की आप कल्पना तक नहीं कर सकते। ईश्वर ने उस दर्द को सहन करने की क्षमता केवल एक स्त्री को दी है।'

यह सुनकर मेरे हाथ पांव कांपने लगे। मैं नहीं चाहता था कि मेरी अनु इस दर्द से गुजरे। मैं अनु के पास गया और उससे पूछा 'तुम यह दर्द बर्दाश्त कर पाओगी? देखो हम सिजेरियन करवा लेते हैं। तुम इतना दर्द क्यों सहन कर रही हो?'

अनु ने मेरा हाथ थाम कर कहा था 'कैसी बात कर रहे हो? मैं हर दर्द सहन कर सकती हूं। डॉक्टर ने भी यही कहा है। कोई परेशानी होती तो बात अलग थी और अब मैं तुम्हारी अनु नहीं एक माँ भी हूं और अपने बच्चे के लिए मैं हर दर्द सहन करने के लिए तैयार हूं। डॉक्टर से कहना

कि नॉर्मल डिलीवरी ही करें।'

कुछ घंटों के बाद अनु को लेबर रूम में ले जाया गया। जहां मैं उसकी चीखें सुन रहा था, पर कुछ नहीं कर पा रहा था। और बस कुछ देर बाद रोने की आवाज आई और मैं समझ गया कि मैं पिता बन गया, लेकिन मुझे चिंता थी अनु की।

15 मिनट के बाद जब मुझे अनु से मिलने की इजाजत मिली, तब मेरी आंखें आंसुओं से भरी हुई थीं। मैंने उससे पूछा 'कैसी हो तुम?' मेरी बहादुर अनु ने कहा 'मैं बिल्कुल ठीक हूं। हमारा बच्चा कैसा है?'

उस दिन मैं हर मां के सामने नतमस्तक हो गया, जिसने इतना दर्द सहकर एक बच्चे को जन्म दिया। मैं तो थोड़ी सर्दी-खांसी से परेशान होकर दफ्तर से छुट्टी ले लिया करता हूं, पर मेरी अनु कितना दर्द सह गई और उसके बाद भी मुस्कुरा रही है।

हां क्योंकि वह अब एक मां बन गई है।

इतना पढ़कर राहुल फूट-फूट कर रोने लगा। डायरी को सीने से लगाकर खुद पर नाराजगी जाहिर करने लगा। अगले ही पल दौड़कर रसोई में जाकर अपनी मां को जोर से गले लगा लिया और कहा...

"मम्मी मुझे माफ कर देना। मैं तो एक छोटे से दर्द को भी नहीं सहन कर सका और तुम मेरे लिए क्या कुछ नहीं सहन कर चुकी हो। मम्मा आप ग्रेट हो।"

अनु, शिखर और राहुल बिना कुछ बोले बस एक दूसरे को महसूस कर रहे थे। शिखर को तसल्ली हो गई कि उसका बेटा अपनी मां को जीवन में कभी भी ऐसा कुछ नहीं बोलेगा जिससे उसकी मां के दिल को चोट पहुंचे।

21
सच बोलने की हिम्मत

"हिम्मत तो देखो इस लड़की की, बड़ों के सामने कैसे जबान चला रही है| कोई लाज शरम नहीं है| ससुराल जाएगी तो एक दिन ना टिक पाएगी| सास चोटी पकड़ बाहर कर देगी| " फूफा जी ने गुस्से से लीना के बारे में लीना के पिता से कहा|

लीना के पिता सुधीर जी बोले "जीजाजी, आप सही कह रहे हैं| क्या करूँ इस लड़की का| परेशान हो गया| आज इसकी वजह से आपकी बेटी का रिश्ता ना हो पाया| माफ कर दो, काश हम लोग यहां आए ना होते तो आज रिश्ता हो जाता रोशनी बिटिया का" सुधीर जी शर्मिंदा होकर बोले|

लीना खड़ी खड़ी सब सुन रही थी| इसके पहले कि वो कुछ कहती उसकी माँ ने उसकी कलाई जोर से पकड़ी और अंदर खींचती हुई ले गई|

लीना जोर से बोली "माँ छोड़ो मुझे, क्या कर रही हो? मैंने आखिर ऐसा क्या किया जो आप सब मुझे डांट रहे हो? फूफा जी अलग आग बबूला हो रहे, बुआ मुंह फुलाए बैठी हैं| मैंने क्या गलत किया? कोई तो बताओ?" लीना का गुस्सा बढ़ता जा रहा था|

बुआ उसकी आवाज़ सुन कमरे में आई और जोर का तमाचा जड़ दिया लीना के गाल पर|

दांत पीसते हुए बोली "चुप हो जा नालायक, चुप हो जा| तेरे फूफा का गुस्सा तू जानती नहीं|"

लीना की माँ को देख बुआ बोली "लो देखो, खूब चढ़ाया तुमने इसे सर पर, हम सब भुगत रहे|"

लीना की आज सिर्फ इतनी गलती थी कि उसकी बुआ की बेटी को देखने जब लड़के वाले आए तो लड़के के पिता ने कहा कि उन्हें सीधी सादी लड़की चाहिए, जो घर के काम करे, सास ससुर की सेवा करे| नौकरी की इजाजत नहीं देंगे, ये भी बोल दिया|"

तब लीना ने उनसे पूछ लिया कि "अंकल जी हम सब बात के लिए हाँ तो कर दें लेकिन क्या आप इस बात का आश्वासन दे पाएंगे कि आपका बेटा हमारी दीदी को सारे सुख देगा? सास-ससुर की सेवा के बदले क्या उसे बेटी का प्यार मिलेगा? नौकरी नहीं करेगी तो क्या उसके हर शौक को पूरा किया जाएगा?? वो आपका घर तो संभाल लेगी तो क्या आप उसे उस घर को पूरी तरह सौंप पाएंगे"?

ये सवालों के तीर देख लड़के वाले नाराज होकर चले गए थे|

इतना सब कुछ हो रहा था| बहस, रोना-गाना मचा हुआ था, तब बुआ की बेटी रोशनी आई और बोली "लीना ने जो किया सही किया क्योंकि लड़के वाले बहू नहीं एक नौकरानी ढूंढ रहे थे, वो भी गूंगी| मैं पढ़ी लिखी लड़की कैसे कर लूं ऐसी जगह शादी जहां लोगों की मानसिकता ही घटिया हो? पापा आज लीना ने जो किया वो मुझे करना चाहिए था| शादी हो भी जाती तो आपकी बेटी खुश नहीं रह पाती| पापा क्यों हर बार लड़की वाले झुकें? क्यों हमें कुछ पूछने का हक नहीं? पापा आपको तो लीना का आभार मानना चाहिए| आज उसकी वजह से मैं गलत रिश्ते में बंधने से बच गई|"

रोशनी की बात सुन सबकी आंखें खुल गईं| सालों से चल रही लड़की वालों के चुप रहने की प्रथा को एक बदलाव की जरूरत है| सभी ने लीना को गले से लगा लिया| सही समय पर सही बात बोलना जरूरी है|

22

एक ही शहर में

आशीष का तबादला नागपुर से मुंबई हो गया| आशीष की माँ बहुत खुश थी, क्योंकि बड़ी बेटी भी मूबई में रहती थी| आशीष की पत्नी को भी लगा चलो अच्छा है सब एक शहर में रहेंगे| आशीष अपनी पत्नी, अपने छोटे बच्चे को लेकर मुंबई शिफ्ट हो गया| बड़ी दीदी सुजाता ने अपने घर के पास ही एक फ्लैट उन्हें दिखाया था| सभी को वो फ्लैट अच्छा लगा और किराए से उन्होंने उसे ले लिया|

आशीष की पत्नी आभा को लगा दीदी पास ही रहती है तो बहुत मदद मिलेगी नए शहर में| सारा सामान पहले ट्रांसपोर्ट से भिजवा दिया और अगली सुबह सभी मुंबई आ गए| आते ही आशीष की माँ ने कहा आभा चलो जल्दी जल्दी घर जमा लो, फिर सुजाता और जमाई जी आएँगे, साथ खाना खायेंगे|

आभा अभी लंबे सफर की थकान दूर भी नहीं कर पाई कि घर जमाने में लग गई| आशीष ने आभा से कहा मैं बाहर से खाना ले आता हूँ| आज तो कुछ नहीं बन पाएगा घर पर| 2000 रुपए का खाना लेकर आशीष घर आया| तब तक सुजाता अपने पति और बच्चों के साथ आशीष के घर आ चुकी थी| आभा ने जैसे तैसे प्लेट लगाई| सभी ने खाना खाया और खाते ही निकलने लगे ये कहकर कि अगले दिन बच्चों का स्कूल है|

आभा दंग रह गई कि दीदी को आज हमें अपने घर बुलाना चाहिए था उसके बदले वो तो यहीं आ गईं| सास ने आभा से फटाफट सबकुछ

समेटने को कहा| आभा ने कुछ ही दिनों में घर सजा लिया| वो बहुत खुश थी, लेकिन वो नहीं जानती थी कि ये खुशियां ज्यादा दिनों तक नहीं रहेंगी|

सुजाता दीदी अक्सर दोनों बच्चों को उसके पास छोड़ जाती| देर रात को लेने आती फिर पूरा परिवार खाना खा कर जाता| आभा की सास को बहुत अच्छा लगता लेकिन आभा को ये एक तरफा रिश्ता कुछ खटकने लगा|

सुजाता दीदी ने आभा और आशीष को एक दिन घर बुलाया| खाने की तैयारी ना के बराबर की| आभा को ही सबकुछ बनाना पड़ा|

आशीष दीदी की इन बातो को समझा नहीं| आभा ने एक दो बार बात की, लेकिन व्यर्थ ही रहा|

कोविड 19 के चलते सभी अपने अपने घरों में बंद हो गए| सास ने आशीष को कहा कि दीदी और उनके परिवार को यही बुला ले| आशीष मान गया|

आभा परेशान थी कि यदि सारे आ गए तो बहुत तकलीफ़ हो जाएगी|

सुजाता तो सारा सामान बांध तैयार ही थी कि तभी पता चला कि आशीष की सोसायटी में एक केस आया|

सुजाता ने जाना कैंसल कर दिया|

आभा ने भी सुकून की सास ली| आभा ने घर पर सारी जरूरत की चीजें पहले ही भर ली ताकिआशीष को बाहर ना जाना पड़े|

लेकिन सुजाता दीदी अक्सर फोन कर कहती आशीष तुझे लिस्ट भेजी है, ये सामान घर ले आ|

ये एक दो बार नहीं 6-7 बार हुआ|

आभा को बहुत बुरा लगता कि सुजाता दीदी अपने पति को तो बाहर भेजती नहीं और आशीष से काम करवाती है|

आभा के लिए अब पानी सिर के ऊपर आ गया| उसने तय किया कि वो अब उन्हें खरी खरी सुना देगी|

आशीष और सास को तो मानो कुछ लगता ही नहीं था|

आशीष बाथरूम में था कि तभी सुजाता का फोन आया|

आभा ने फोन उठाया तो दीदी ने कहा ' आशीष को बोलना जरा, राशन की लिस्ट भेजी है, घर दे जाए| '

आभा ने जवाब दिया..' दीदी,आप आज जीजाजी को भेज दीजिए| आशीष नहीं जायेगे| बहुत केस बढ़ रहे है| बाहर जाना मुसीबत मोल लेने जैसा है| '

दीदी गुस्से से बोली..' आभा, वो मेरा भाई है, थोड़ा सा काम कर देगा तो क्या जाएगा??'

आभा ने जवाब दिया..' दीदी,आपके भाई मेरे पति भी है| जैसे आप जीजाजी को बाजार नहीं भेजती वैसे मुझे भी इनकी चिंता है| "

ऐसा कहकर उसने फोन रख दिया|

सुजाता ने माँ से शिकायत भी की|

सास ने आभा को डाटा भी| आशीष ने भी आभा से कहा कि ऐसा क्यों किया उसने|

आभा ने कहा..' रिश्ते दोनों तरफ से निभाए जाते है| इससे ज्यादा मुझे कुछ नहीं कहना| '

सुजाता ने अपने व्यवहार से रिश्ते में दरार डाल दी थी| उसे ही अब उसे भरना पड़ेगा|समय के साथ रिश्ते यदि सुधार लिए जाए तो ही बेहतर होता है।

23

सोशल अप्रूवल

रात के करीब ९ बजे थे, पारुल और जतिन टीवी देखते हुए खाना खा रहे थे कि तभी जतिन का फोन बज उठा| जतिन ने फोन देखा तो तुरंत उसने उठाया,पारुल समझ गई कि जरूर कोई जरूरी फोन होगा| ड्राट से उसने रिमोट से टीवी बंद कर दी| जतिन की बात से वो समझ गई कि फोन सासुमाँ का था|

पारुल की शादी को अभी सिर्फ 6 महीने ही हुए थे| जतिन के परिवार वाले सभी नागपुर में रहते थे|

जतिन बोल रहा था "हाँ, जी जी ठीक है| मैं पहुंच जाऊंगा कल जी जी"|

पारुल के गले से अब खाना नीचे ना उतरेगा क्योंकि वो समझ गई कि ससुराल से कोई कल ही आ रहा है|

जतिन ने फोन रखा और कहा ...' कल मम्मी आ रही है और मौसी भी| '

ये कहकर उसने रिमोट से टीवी की आवाज़ बढ़ाई|

पारुल ने जतिन के खाना खतम करने का इन्तज़ार किया|

रसोई साफ करके वो दोनो बैठे तो पारुल ने अपना धीरज खोते हुए कहा..' बताओ ना ,कितने बजे आयेगे?? सामान भी लाना होगा ना ,घर भी ठीक करना पड़ेगा| नाश्ता और खाने में क्या बनना होगा?? '

जतिन बोला..' अरे मेहमान थोड़ी है| घर के ही तो है| तुम क्यों परेशान हो रही हो?? जो रोज बनाती है वही बना लेना| मा है कोई मेहमान नहीं|'

पारुल क्या कहती.. मन ही मन बोली ....'कि मा तो तुम्हारी है| मेरी तो अग्नि परीक्षा है| '

सुबह सवेरे जल्दी जाग गई| कोना कोना साफ कर दिया| रोज टी शर्ट पैंट पहनती थी आज सलवार कमीज़ पहन ली| खाने में क्या बनेगा सब सोच लिया|

जतिन मा और मौसी को लेने स्टेशन पहुंच गया| करीब एक घंटे बाद वो लोग घर आए|

उनके आते ही पारुल ने दोनों के पैर छुए और उनका सामान अंदर रखा|

जतिन के दो बड़े भाई थे| पारुल सासू मा की सबसे छोटी बहू थी| उनके लिए सास बहू का टॉम और जैरी का खेल बहुत पुराना हो चुका था|

सास और मौसी सास ने ज्यादा कुछ कहा नहीं पारुल को|

एक हफ्ता हो गया|

सास ने मुंबई के लोगो के पहनावे को देखा तो पारुल से पूछा..' क्या तुम रोज़ ऐसे ही कपड़े पहनती हो???'

पारुल ने सच कहा ..' नहीं,वो आप को टी शर्ट वगेरह पसंद नहीं आएगा इसलिए नहीं पहना..'

सास ने कहा..' देखो ,जैसा देश वैसा वेश '|

पारुल खुश हो गई|

2 रोज बाद अचानक मौसी जी की तबीयत बिगड़ी और जतिन भी ऑफिस में था|

पारुल तुरंत उन्हें अस्पताल ले गई| उन्हें वहा एडमिट करवाया| दवाई लेकर आई|

सास बहू ने राहत की सांस ली जब डॉक्टर ने कहा .. ' आप परेशान ना हो,ब्लड प्रेशर अचानक गिर गया इसलिए ऐसा हुआ| अच्छा हुआ आप समय पर ले आए| अब डरने की जरूरत नहीं| कल डिस्चार्ज कर देंगे| '

तभी अस्पताल में मौसी जी की रिश्तेदार सरला जी उनसे मिलने आ गए|

सासुमा से उन्होंने मौसी जी का हालचाल पूछा फिर पारुल को देखा और कहा ...' ये आपकी बहू है??? '

सास ने कहा ..' हा, आज इसी ने सब कुछ फटाफट किया वरना इतने बड़े शहर में कैसे होता| बेटा ऑफिस में था| '

सरला जी बोली..' हा, वो तो है| लेकिन .....'

आगे कुछ बोलती लेकिन बोली नहीं शायद अस्पताल में थे इसलिए|

घर आकर पारुल ने सासुमा से पूछा ...' मम्मीजी, शायद सरला आंटी को मेरा जींस पहनना पसंद नहीं आया| '

समझदारी से सास ने जवाब दिया ..' पारुल मैं खुद भी पहले ऐसे कपड़े पसंद नहीं करती थी,लेकिन समय के साथ हमें बदलना ही चाहिए| '

सोफे पर पानी पीते पीते आगे बोली..' भाई,हमारे जमाने में हम सास ससुर से डर डर के जीते थे, लोगों की परवाह इतनी की कि खुद की पसंद को ही भूल गए| तुम नए जमाने के बच्चे हो| जिम्मेदारियां समझते हो ,फिर कपड़ों का क्या है.... अभद्र कपड़े थोड़ी ना पहनती हो तुम|

दूसरों का ना सोचो| आज तुमने दीदी के लिए वो जरूरी था ना कि तुम्हारे कपड़े| '

पारुल को यकीन ना हुआ कि सास ऐसी भी होती है|

जतिन भी मौसी की बात सुन डर गया था| उसने पारुल से कहा..' तुमने सब अच्छे से कर लिया| आई एम प्राउड ऑफ यूं| '

'अब भी तुमको मम्मी से डर लग रहा है??' जतिन ने मज़ाक में पूछा|

पारुल ने जवाब दिया..' नहीं,मम्मीजी बहुत अच्छी है| एक बात तो समझ आ गई कि घर के लोग यदि आपस में खुश है तो हमें सोशल अप्रूवल की क्या जरूरत...?'

'लोग तो हर तरह से बात बनाएँगे|हमें आपस में मिल जुल कर रहना चाहिए| 'ऐसा कहकर दोनों मुस्कुरा उठे|

24

फ़र्ज़

"मम्मी, अब कैसी हो आप?? अब अपना ध्यान आप ही रखना पड़ेगा| मैं तो नहीं आ सकती अभी" ससुराल वाली बेटी माँ से फोन पर बोली|

"हाँ अर्चू तुम मेरी चिंता ना करो | तुम वहां सबका ध्यान रखना, यहां की चिंता मत करना|" बेटी की माँ और क्या कहती|

फोन रखते ही अर्चना फिर घर के काम में लग गई|

आजकल माँ से शाम को ही बात होती क्योंकि सुबह के काम बहुत बढ़ गए थे|

सास के अचानक घुटनों का ऑपरेशन करवाया था इसलिए अर्चना पर घर की सारी जिम्मेदारी आ गई थी| अभी शादी को २ वर्ष ही हुए थे लेकिन अर्चु ने सब संभाल लिया था|

ऑनलाइन ऑफिस का काम रात तक चलता और वो बहुत थक जाती थी इसलिए अभी नौकरी भी छोड़ दी थी|

अर्चना का पति वीर यू तो घर से ही ऑफिस का काम करता और घर पर कभी कभार मदद भी कर देता|

वीर की थोड़ी सी मदद भी अर्चना को बहुत लगती |

अर्चना की माँ भी धन्य समझती कि बेटी सुखी है सासरे में|

वीर को घर से बाहर दोस्तो के साथ घूमने का एक मौका मिला जब सभी ने २ दिन लोनावाला जाने का प्रोग्राम बनाया|

अर्चना ने वीर की तैयारी कर दी जाने|की |

"

वो बोली..." मैं भी बहुत बोर हो गई हू घर पर| मुझे भी बाहर जाने का मन है| "

वीर अपना सामान चेक करते बोला.." हा, माँ की तबीयत सही हो जाए फिर एक दो दिन बाहर चलेंगे| "

शाम को सास की बहन का फोन आया..." हा, हा दीदी मैं ठीक हू| अर्चना भी है ना अब तो| घर पर नौकर आने लगे है| कुछ ज्यादा काम नहीं होता| बस दोनो समय का खाना ही बनाना होता है| वीर आज ही लोनावाला गया| बहुत बोर हो गया था बेचारा| अर्चना को तो दोपहर को दो घंटे आराम मिल जाता है लेकिन वीर को नहीं मिलता ना| बस इसलिए ...बाकी तो कुछ काम ही नहीं होता घर पर| अर्चना के कानो तक बात पहुंच चुकी थी| उसे मन ही मन बुरा भी लग रहा था कि मैंने सास और घर के काम के लिए नौकरी छोड़ दी| उनको परेशानी ना हो इसलिए दो दिन के लिए भी मायके नहीं जा रही| वीर को तो शनिवार और रविवार मिलता है तब तो वे दोस्तो के साथ बाहर जाते,सुबह देर से उठते ,मनपसंद खाना बनवाते | मुझे तो ...."

ये सोचते सोचते उसकी आंखे भर आई और पीहर की याद आने लगी|

वीर के वापिस आते ही अर्चना ने कहा..." वीर, शनिवार और रविवार को तुम्हारी छुट्टी होती है , दो दिन की और ले लो | मैं ४ दिन मायके जाकर आ जाती हू| "

" अरे! ऐसे कैसे जाओगी??? मम्मी की देखभाल कौन करेगा??? "

" वीर ,वो मेरी सास है और तुम्हारी माँ | और घर पर काम ही क्या होता है खाना ही ना.... तो चार दिन टिफिन लगवा लेना | तुम तो अभी बाहर गए थे बाहर तो सब खाया ही ना | या फिर अपनी बाई को कहना बना देगी| तुम कुछ समय माँ के साथ बिताओ|

ऑफिस के काम के कारण तुम उन्हे समय नहीं दे पाए | " अर्चना ने सीधे सीधे कह दिया|

" मुझसे नहीं होगा यार अर्चना ,चार दिन घर पर बोर हो जाऊंगा| "

वीर ने उसे रोकते हुए कहा| " वीर, हम लड़कियां अपने माँ बाप को पराया कर सास ससुर की सेवा करती है| तुम मेरे छोड़ो अपने मम्मी पापा के साथ रहने में परेशान हो रहे हो.."अर्चना ने व्यंगतामक अंदाज

में पूछा| वो आगे बोली..

" अब रोज़ मुझे दोपहर को आराम मिलता है ,तुमको नहीं मिलता ना | इसलिए छुट्टी लो और आराम करो| मम्मी के साथ बैठ बात करो| उनको समय पर दवाई दे देना| टीवी लगा देना| थोड़ी पैर की एक्सरसाइज करवा देना | बाकी काम ही क्या होता है| "

" वीर ,मेरी मम्मी और पापा भी अकेले है| मम्मी की तबीयत भी नरम गरम है| फिर भी वो कहती तुम वहा ध्यान रखो| "

" एक बात बताओ जब एक लड़की शादी करती है , ससुराल के सारे रिश्ते अपने बना लेती है | तो लड़के क्यों नहीं?? लड़के के माता पिता की देखभाल करना बहू का फ़र्ज़ है, ऐसा बताया जाता है | तो शादी के पहले वो फ़र्ज़ कौन निभा रहा था??? "

"वीर मुझे शिकायत तुमसे नहीं , बरसो से चली आ रही इस सोच से है कि बहू के आते ही उससे इतनी उम्मीद कर ली जाती है कि वो थक जाती है| फिर भी ये कहा जाता है बहू नसीब वाली है ऐसा ससुराल मिला| मैंने नौकरी क्यों छोड़ दी... तुम जानते हो| मैं मायके नहीं जाती... तुम जानते हो| लेकिन ये घर तो तुम्हारा है ,मा बाप तुम्हारे है फिर सब कुछ मेरी जिम्मेदारी कैसे???????"

" दो समय का खाना क्या बेटा नहीं बना सकता ?? चार दिन अपने माता पिता के साथ नहीं रह सकता?? बल्कि लोनावाला जाने की जरूरत तो मुझे थी| खैर|

इतना सब इसलिए बोल रही हू कि अब तो सोचना होगा कि शादी के बाद लड़के के माता पिता का ध्यान रखना बहू की जिम्मेदारी है तो लड़की के माता पिता की जिम्मेदारी किसकी???

और यदि सब खुद के काम करने मैं समर्थ है तो बहू को जिम्मेदारी के बोझ तले क्यों दबाया जाए???? "

ऐसा कहते वी फुट फुट कर रोने लगी | पिछले ८ महीने का दर्द आज आंसू और क्रोध बन बाहर निकला|

वीर ने अर्चना को गले लगाया और बोला .." हा, गलती तो हुई है| बहुत ग्रांटेड लिया मैंने | लेकिन अब तुम देखना.. बदलाव तो होगा | तुम सामान तैयार करो| कुछ दिन मम्मी के घर जाओ| मैं यहां मैनेज करूंगा|

हम लड़के कभी तुम लड़कियों की जगह रहकर सोचते ही नहीं|

"वीर, अच्छा लगा कि तुमने मुझे समझा| काश ये बात सब समझ जाए|" अर्चना की आंखो मे अब भी आंसू थे लेकिन उसमे तसल्ली भी थी|

25

बेटी और घर के काम !!

"जी, हमारी बेटी इंजीनियर है और उसकी तनख्वाह आपके बेटे के बराबर ही है| ये रिश्ता हम पक्का करें, इसके पहले आपको ये बात साफ कर दें कि हमारी सुरभि घर के काम नहीं करेगी| वो नौकरानी लगवा लेगी सारे काम के लिए| हमारी इकलौती बेटी बड़े नाजो से पली बड़ी हुई है" अनीता जी ने लड़के वालों को साफ-साफ बता दिया|

मिहिर और उसके माता पिता लड़की की मम्मी की बात सुनकर एक बार के लिए चौंक गए लेकिन उन्हें अच्छा भी लगा कि साफ साफ बात हो गई| मिहिर की मम्मी आशा जी और पिता रमेश जी ने उनसे कुछ समय बाद विदा ली|

इस बात में कोई दो राय नहीं कि हमारे समाज में बदलाव तो आ रहा है, लड़के भी घर के काम करना सीख रहे हैं लेकिन लड़की की तरफ से ऐसी बात का रखना लड़के वालों के लिए स्वीकार करना बहुत मुश्किल ही नहीं बल्कि नामुमकिन है|

मिहिर को सुरभि बेहद पसंद थी उसने घर आकर उसकी वकालत की|

मिहिर ने कहा "आजकल कोई लड़की ये घर के काम नहीं करती और हम मेड लगा लेंगे क्या दिक्कत है?? मुझे उसके जैसी ही लाइफ पार्टनर

चाहिए| आप लोग उनको हा कह दीजिए|"

मिहिर के सामने कोई दलील देना व्यर्थ था| बात उसकी भी सही थी| आखिर बरसो से घर के काम जो घर की औरत बिना कुछ कहे, बिना छुट्टी लिए, बीमारी में भी करती रही उसका मोल कहा किसी ने आंका???घर के कभी ना खतम होने वाले काम को करती औरत शाम को यही तो सुनती.." दिन भर आराम ही तो रहता है, काम ही क्या है तुम्हे?? पैसा कमाना बहुत मुश्किल है| "

अब जब वो पूरी तरह से पैसा कमाने में समर्थ है तो क्यों करे घर के काम???

यही वजह है कि आजकल लड़कियों को आर्थिक रूप से आत्मनिर्भर बनाने पर जोर दिया जाता है|

मिहिर का विवाह धूम धाम से सुरभि के साथ सम्पन्न हुआ|

बहू बन कर सुरभि मिहिर के घर आ गई| कुछ दिन विदेश घूम कर आने के बाद असली जीवन आरंभ हुआ| सुरभि को चाय, मैगी और सैंडविच बनाना आता था| बाकी सब सीखने की ना जरूरत थी ना इच्छा आशा जी जो अब तक तीन लोगो के लिए नाश्ता, खाना बनाती थी अब चार का बनाती| बाकी काम के लिए बाई थी|

रमेश जी के मित्र और उनकी पत्नी ने नेपाल जाने का प्रोग्राम बनाया तो रमेश जी भी तैयार हो गए| मिहिर के आग्रह पर एक हफ्ते के अंदर ही रमेश जी और आशा जी नेपाल के लिए रवाना हो गए|

सुरभि को घर के सामान, राशन आदि के बारे में बता दिया था| मिहिर को साथ साथ समझा दिया था|

उनके जाते ही नवदंपति ने दो दिन बाहर से खाना मंगवाया| बहुत एंजॉय किया| तीसरे दिन सुबह सुबह खाना बनाने वाली बाई ने फोन कर बताया कि वो तीन दिन नहीं आएगी|

सुरभि का गुस्सा सांतवे आसमान पर था| मिहिर भी इस गुस्से का शिकार हुआ| अब पहली बार सुरभि ने रसोई में कदम रखा| दोनों को ऑफिस जाने में देर हो रही थी फिर भी जैसे तैसे चाय बनी और ब्रेड का नाश्ता कर वे निकल गए|

दोपहर को कैंटीन का खाना जैसे तैसे गले से नीचे उतारा| रात को थके हारे घर पहुंचे तो घर के खाने की याद सताने लगी|

मिहिर ने पहल करते हुए रसोई में कदम रखा और आलू काटना शुरू किया, सुरभि भी बाल बांध कर आ गई|

आटा का डिब्बा मिहिर को पता था, थोड़ा आटा निकाल उसने आटा गूंथ लिया|

सुरभि ने डरते डरते कुकर में सब्जी बनाई| अब आई रोटी की बारी जिसमें दोनों ही असफल रहे| भूख के कारण गुस्सा भी आने लगा|

तब उन्होंने गली हुई सब्जी निकाल, उसी कुकर में चावल लगा दिया| सुरभि ने चारो तरफ नजर घुमाई तो सारी किचन गंदी हो चुकी थी| दूध भी दिनभर बाहर रखा था तो वो फट गया था|

अब ना तो दूध ना दही| तीन सीटी के बाद चावल आखिरकार बन ही गए|

मिहिर ने सुरभि को अचार लाने को कहा तो सुरभि मुंह ताकते बोली.." मुझे नहीं पता कहा है??"

मिहिर ने दो प्लेट में चावल और सब्जी निकाली और दोनों खाने लगे| बेस्वाद खाना भी उन्हें अच्छा लग रहा था|

मिहिर बोला.." यार, बैंक में कितने भी पैसे हो लेकिन दो वक्त घर का खाना मिले तो सुकून आता है| "

सुरभि भी उसकी बात से सहमत थी|

घर के काम को कभी तवज्जो दी ही नहीं जाती| लेकिन जब खुद करना पड़े तो नानी याद आ जाती है|

लड़का हो या लड़की दोनों पर एक बात लागू होती है कि जितना बाहर का काम सीखना जरूरी है उतना घर का काम भी|

नौकरी करने, पैसा कमाने से ये बात मान लेना कि घर का काम सीखना जरूरी नहीं बिल्कुल गलत है|

किस समय पर क्या जरूरत पड़े कोई नहीं जानता| सीखा हुआ काम कभी व्यर्थ नहीं जाता|

मिहिर ने कहा.." यार सुरभि, हम लोग विदेश के प्रोजेक्ट के लिए बात कर रहे थे, यदि हम दोनों लंदन जाए तो फिर ये सारे काम कैसे होंगे???

हम दोनों तो नौसिखिए है| "

सुरभि ने सिंक में प्लेट रखते हुए कहा.." अरे! हा, वहा तो मेड़, कुक कोई नहीं मिलता| सारा काम खुद ही करना पड़ता है| "

अगले दिन बाई आ गई| फैला हुआ किचन देख बोली.." दीदी, ये क्या है, मै ऐसे कैसे काम करू???"

मिहिर ने जवाब दिया.." आज आप कर दो, कल तो मम्मी आ जाएगी| "

अगले दिन आशा जी और रमेश जी वापस आ गए|

आशा जी ने फिर से घर संभाल लिया| सुरभि की आज छुट्टी थी, तो वो आशा जी के पास आकर बोली.." मम्मी, आप मुझे खाना बनाना सिखाएंगी??"

आशा जी मुस्काते हुए बोली.." अरे हाँ, क्यों नहीं?? जाओ मिहिर को भी बुला लाओ| दोनों सीख लो|"

सुरभि को आज एहसास हुआ कि ऑफिस जाना, घर संभालना दोनों ही जरूरी है| अपने घर के काम तो करने आने ही चाहिए|दोनो ने मिलकर घर के काम सीखने शुरू कर दिए।

26

महल और झोपड़ी

काशीराम जी स्वयं को बहुत ही भाग्यवान समझते थे। उनके दोनों बेटे संदीप और सुनील उनके साथ एक ही घर में रहते थे।

संदीप की कपड़े की दुकान थी और छोटे भाई सुनील की मल्टीनेशनल कंपनी में नौकरी थी।

दोनों की आमदनी में बहुत अंतर था। संदीप हमेशा कोशिश करता कि घर की जिम्मेदारी घर के खर्चे उठाने में वो कभी पीछे न रहे।

सुनील के साथ काम करने वाले दोस्त अक्सर कहते....."यार अब तुम एक बढ़िया सा फ्लैट ले लो। अब उस घर में कब तक रहोगे?? बच्चे भी तो बड़े हो रहे है तुम्हारे। अलग घर होगा तो सबकी लाइफ बेहतर हो जायेगी।"

दोस्तों की बाते सुनील को सही लगने लगी उसने अपनी पत्नी से बात की तो पत्नी आरती बोली..."यदि आप चाहते है तो मुझे कोई दिक्कत नहीं है। अलग रहेंगे तो बचत भी होगी और जिम्मेदारियों का बोझ भी कम होगा।"

सुनील ने उसी शहर में एक शानदार बिल्डिंग में दो कमरों का एक घर बुक करवा लिया।

बिल्डिंग में स्विमिंग पूल, जिम, बगीचा, क्लब हाउस सब कुछ था। बच्चे भी खुश थे।

सुनील ने एक रात सभी को अपना निर्णय सुनाया..."मैंने एक घर खरीद लिया है और अगले महीने वहा शिफ्ट हो जाऊंगा। पापा मम्मी आप लोग भी वहां आकर रहिएगा हमारे साथ। वैसे आप लोगों को अच्छा नहीं लगेगा क्योंकि यहां आस पड़ोस है बाजार और मंदिर भी पास है। फिर भी कुछ दिन ही सही... रहिएगा।"

काशीराम जी को आश्चर्य नहीं हुआ क्योंकि वे सुनील के रवैए से जान चुके थे कि सुनील कुछ ऐसा ही सोच रहा है। उन्होंने कहा.." बिल्कुल बेटा, तुम्हारी तरक्की से हम खुश है। अच्छा दिन देखकर शिफ्ट हो जाओ। हमारी क्या चिंता करना। हम तो यहां ठीक है आखिर ये घर तेरी मां ने बहुत जतन से बनवाया था।"

काशीराम जी को पत्नी की आंखे नम हो गई लेकिन पति ने उन्हें कुछ कहने से रोक दिया क्योंकि वे जानते थे कि सुनील ने निर्णय सुनाया है सलाह नहीं मांगी।

सुनील नए घर मैं शिफ्ट हो गया।

सुंदर घर, नए परदे, नया फर्नीचर, रसोई में भी नए बर्तन आ गए। बच्चे भी बहुत खुश थे।

दूसरी तरफ काशीराम जी और उनकी पत्नी बड़े बेटे बहु के साथ खुश थे।

घर से एक परिवार का जाना दुखद था लेकिन सभी ने वास्तविकता को अपना लिया था।

काशीराम जी आज भी अपने पोता पोती को स्कूल से लेने जाते, दादी कहानियां सुनाती और बहु की मदद भी करती।

बड़े बेटे के व्यवसाय में भी पिता उसे सुझाव देते।

घर पर रिश्तेदार मित्रों का आना जाना लगा रहता।

हसी मजाक चाय पकोड़े की छोटी छोटी पार्टी होती रहती।

खुश रहने के लिए पैसे चाहिए लेकिन सिर्फ पैसे से खुश नहीं रहा जा सकता।

दूसरी तरफ सुनील का अब जिम, पूल का मोह खत्म होने लगा। बच्चे भी दादा दादी और भाई बहन को याद करने लगे लेकिन वापस कैसे जाते।

बड़ी बहु की सहेली उसके घर पहुंची और बातों-बातों में बोली..." अरे! तेरे देवर देवरानी के तो बहुत ऐश है। होटल से सुंदर तो उनका घर है। कोई मेहमान की चिक चिक नहीं। न तो बड़ो की जिम्मेदारी। तुम भी अलग घर ले लो अच्छा सा। फिर देखना तेरे पास समय ही समय होगा।"

बड़ी बहु बोली.." ना बाबा ना मेरा ये छोटा घर उस महल से कई गुना अच्छा है जहा किसी तीसरे की आवाज सुनने को तरसना पड़े, बड़ो की जिम्मेदारी जरूर है लेकिन उनके आशीर्वाद के सामने कुछ नहीं है। उनका हाथ सर पर है बस वही काफी है। इस घर में लोग आते जाते है क्योंकि उनकी यहां मां पापा से भेंट हो जाती है। मेरे बच्चे भी उनसे मिलते है उनसे सीखते है। मां पापा ने कभी भी हमे किसी बात के लिए नहीं टोका बल्कि मुझे हर समय साथ दिया। ये मत भूलो कि कल को हम भी इसी अवस्था में होंगे और यदि हमारे बच्चे ऐसा करें तो?? खैर सबको अपने फैसले लेने का अधिकार है।"

सहेली बिना कुछ कहे चली गई।

सास ने बड़ी बहु से पूछा.." अरे! तुम्हारी सहेली बिना नाश्ता किए चली गई??"

" हा मम्मी कुछ काम याद आ गया होगा। चलिए तैयार हो जाइए न। आज सुनील भैया के घर जाना है ना। मैंने दम आलू बना लिया है और बच्चों के लिए गुलाब जामुन भी। उनको बहुत पसंद है।"

सभी ऑटो कर सुनील के घर पहुंचे। बच्चे खुशी से झूम उठे। बड़ी भाभी के हाथ के पकवान देख आरती भावुक सी हो गई। आज सुनील को भी बहुत अच्छा लग रहा था। देर रात तक गप्पे खेल चलते रहे। सब बहुत खुश थे। रात काफी हो गई थी।

काशीराम जी बोले.." अरे! चलो भाई घर चले... देर हो रही है।"

सुनील ने पिता का हाथ पकड़ा और बोला.." पापा, क्या ये घर नहीं है?? आप लोग रुक जाइए न।"

काशीराम जी ने बेटे की आंखे पढ़ ली और पत्नी की ओर देखा।

पत्नी ने इशारे से रुक जाने को कहा।

बस फिर क्या था..

हॉल में गद्दे बिछाए गए। एक कमरे में मां पापा के सोने की व्यवस्था कर दी गई और दोनों बहुए दूसरे कमरे में आराम करने लगी। हॉल में दोनों भाई सुख दुख बाटने लगे और चारो बच्चे शोर करते करते सो गए।

आज काशीराम जी को लगा कि उनका घर बटा नहीं बल्कि अब उनके दो घर हो गए।

27

चाय या ठंडा ?

प्रतिदिन की तरह रोहिनी सुबह रसोई और घर के सभी कामों को यथासंभव शीघ्र पूरा करने के प्रयास में थी। सास और ससुर मंदिर में दर्शन कर घर लौटे ही थे कि घर के फोन पर घंटी बजी।

चूंकि ससुर जी सोफे पर बैठ चुके थे तो सास ने ही फोन उठाया। तब तक रोहिणी भी दौड़ी दौड़ी हाथ पोछती आ गई थी।

फोन उठाते ही सास पास रखी कुर्सी पर बैठते हुए बोली..."अरे! समधन जी क्या बात है।आज सुबह सुबह फोन किया।कैसी है आप ?? भाई साहब कैसे है?? "

रोहिनी की चेहरे पर चमक आ गई।वो वही खड़ी रही। हर बेटी का यही हाल होता है।

सास रोहिनी को देख आगे बोलो..."आपकी बेटी भी मजे में है यही है। आप बताइए कैसे फोन किया?"

औपचारिक भाषा बोलने से कभी बाज न आती थी वे। "जी, हम नागपुर आ रहे थे परसो इनके एक मित्र के बेटे की शादी है,तो सोचा आपको भी बता दू।"रोहिनी की मां ने बड़ी सौम्यता से बात कही।

"अच्छा,अच्छा शादी है, तो फिर बेटी के घर कब आएंगी आप??वैसे यही रुक जाइए कोई बात नहीं। "औपचारिकता वश आमंत्रण दिया।

"हम आयेगे बिल्कुल आयेंगे। लेकिन सभी की रुकने की व्यवस्था उन्होंने होटल में करवाई है।इसलिए रुक तो नहीं पाएंगे लेकिन आप सभी

से मिलने जरूर आयेंगे।"अपनी बात उन्होंने कह दी।

"चलिए तो फिर ये भी ठीक है,लीजिए बेटी से बात कर लीजिए बहुत देर से खड़ी है।"व्यंगात्मक लहज़े से बोली।

"मम्मी, कैसी हो? कब आ रही हो आप "बेटी ने अपनी मां से पूछा।

"बेटी परसो शादी है उन्होंने तुम्हें और दामाद जी से भी आने को कहा है।हम भी परसो सुबह ही पहुचेंगे।समय मिलते है आयेंगे। बारात के साथ वापस आना है इसलिए रुक नहीं पाएंगे।बोल तेरे लिए क्या ले आऊं।"मां ने बेटी से स्नेहपूर्वक पूछा।

"नहीं मम्मी मेरा आना तो नहीं होगा।फिर चिंटू के स्कूल में मीटिंग भी है।आप और पापा घर आना तब आराम से बात करूंगी।"रोहिनी ने यह कहकर फोन रख दिया।

सास अब भी कान लगाए सब सुन रही थी उन्होंने पूछा.."तुमको शादी में नहीं बुलाया???"

"बुलाया तो है लेकिन स्कूल में मीटिंग है।"रोहिनी ने रसोई में जाते जाते जवाब दिया।

"शादी का निमंत्रण पत्र तो भेजना था... "वे बड़बड़ाती रही।

रोहिनी बहुत खुश थी कि उसके मम्मी पापा आने वाले है। पति को भी बता दिया। बेटा भी नाना नानी के आने से बहुत खुश था।

रोहिनी ने सोचा कि स्कूल की मीटिंग में पति को भेज दूंगी और कुछ अच्छा खाने का तैयार कर दूंगी।पापा को मेरे हाथ के दहीवड़े बहुत पसंद है वही बनाती हू।

उसने अगले दिन उड़द की डाल भिगो दी।चटनी बना ली।कुछ नाश्ता भी बाहर से ले आई। मीठे में क्या बनाए यही सोच रही थी कि सास बोली.."अरे! वो शादी में आए रहे है खाना थोड़ी खायेंगे।मीठा रहने दो। कुछ मंगवाने की कोई जरूरत नहीं है।"

रोहिनी कुछ बोली नहीं बस सोचने लगी कि जब सास रोहिनी को लेने उसके मायके आई थी तब मां ने कोई कसर नहीं छोड़ी थी। पापा भी कितना कुछ लाए थे। जब वे ट्रेन से कही जाते और यदि ट्रेन रोहिनी के शहर से जाती तो सास ससुर के लिए टिफिन तो हाजिर ही रहता। लेकिन यहां तो अलग ही है।

सुबह सुबह सारी तैयारी कर रोहिनी मम्मी पापा का इंतजार कर रही थी शादी १२बजे की थी तो उसके मम्मी पापा ४ बजे तक उसके घर आने वाले थे। तभी रोहिनी की एक पड़ोसन का फोन आया कि उनके बेटे को बहुत चोट लगी है अस्पताल ले जाना पड़ेगा।रोहिनी ने तुरंत फोन और पर्स उठाया और सहेली के साथ अस्पताल के लिए निकल गई। पति भी दफ्तर में मीटिंग में फस गए।

सास ससुर और पोता घर पर थे। तभी रोहिनी के मम्मी पापा भी आ गए।

सास ने उन्हें अंदर बुलाया और बाते करने लगी।उन्हे बताया कि रोहिनी को अस्पताल जाना पड़ा।

"बहनजी क्या लेंगी आप चाय या ठंडा ?? "सास ने पूछा।

"अरे! कुछ नहीं आप परेशान न हो हम बस कुछ देर में निकलेंगे।"रोहिनी की मां बोली।

२० मिनिट हो गए लेकिन सास ने न तो पानी दिया न चाय बनाई और न ही दही बड़े दिए जो रोहिनी ने बहुत चाव से बनाए थे।

उन्हे समय से वापस जाना था तो वे नाती के हाथ में लिफाफा देकर चले गए। सास ससुर बाहर छोड़ने तक न आए बल्कि उनके जाते ही बैग और लिफाफा देखने लगे।

तभी दौड़ती दौड़ती रोहिनी आई और बोली.."मम्मी पापा चले गए????"

सास ने कहा.."हा, मैंने तो रोका लेकिन वे चले गए।"

रोहिनी ने रसोई में नज़र दौड़ाई तो पाया कि सास ने कुछ नहीं परोसा उन्हे।ना चाय न नाश्ता।

सास अंदर आकर बोली.. "मैने तो पहले ही कहा था मत बनाओ कुछ,उन्होंने कुछ नहीं लिया।मैंने तो पूछा भी था कि क्या लेंगे तो मना कर दिया। "

रोहिनी का दिल रोने को करने लगा। उसके माता पिता उसके घर से बिना कुछ खाए ही चले गए।

रोहिनी आज न केवल दुखी थी बल्कि उसे अपने माता पिता का अपमान सहन नहीं हुआ।

रोहिनी तुरंत अपनी सास से बोली.."मम्मीजी एक बात अपने ईश्वर को साक्षी मानकर बताइए क्या आपकी बेटी के घर आपके साथ ऐसा व्यवहार होता तो?? या आप मेरे घर जाती और मेरी मम्मी ऐसा करती तो??? कैसा महसूस होता बताइए?? बात कुछ खिलाने की नहीं है बात सम्मान देने की है। आप जिस सम्मान की अपेक्षा करती है वो सम्मान देने में दिल क्यों छोटा कर लेती है।

मेरे माता पिता मुझसे मिलने आए थे,वो कुछ लेने नहीं बल्कि जाते जाते भी देकर गए।आपने लेकिन उनको मान तक नहीं दिया।"

रोहिनी की सास चुप थी।लेकिन अपनी गलती को स्वीकार करने की हिम्मत नहीं थी।

लेकिन रोहिनी ने साफ कहा कि .."मेरी तरफ से भी सम्मान की परिभाषा अगर बदल जाए तो बुरा मत मानिएगा। "

बेटी ने आज अपनी बात साफ कह दी।

सास भी समझ गई और दुबारा ऐसा नहीं हुआ। लड़की के माता पिता भी पूरे सम्मान के हकदार है।

28

गेस्ट रूम

"शालिनी, आज मैं बहुत खुश हूं, आखिरकार हमारा सपनो का घर हमने आज खरीद ही लिया। ये सब तुम्हारी वजह से हुआ । यदि तुम साथ नहीं देती तो ऐसा घर ले पाना मुश्किल था।" राघव ने पत्नी शालिनी को गले लगाते कहा।

" अरे! जीवन की गाड़ी पति पत्नी के साथ साथ चलने से ही आगे बढ़ती है,फिर ये घर लेना मेरा भी तो सपना था।" शालिनी बोली।

" अब मम्मी पापा को साथ ही रहने को कहेंगे , पहले तो कमरे नही होने की वजह से कुछ दिक्कत होती थी ,लेकिन अब उनका अपना कमरा होगा, जूही का भी अलग कमरा और कोई मेहमान आए तो भी कोई परेशानी नहीं होगी। उसके लिए गेस्ट रूम तो है ही।" राघव खुशी से बोल रहा था।

"शालिनी ,मैं उनका इकलौता बेटा हू।मेरा उनके प्रति फर्ज बनता है ।अब हम उनकी सेवा कर सकेंगे। मम्मी पापा को अभी खुशखबरी देता हू और कहता हूं कि अब उन्हें बस सामान बांधकर यहां हमेशा के लिए आना है। इस नए घर में सारी सुविधाएं है उन्हे कोई दिक्कत नही होगी।उन्होंने मुझे इतना काबिल बनाया कि मैं ये घर खरीद सका तो इसपर सबसे ज्यादा हक तो उनका ही है। तुम भी अपने घर फोन कर दो।उनसे कहना कि वास्तु पूजा में समय से आए ।सब साथ में कुछ दिन रहेंगे। गेस्ट रूम में वे भी आराम से रह लेंगे।"राघव की खुशी का ठिकाना

ही नहीं था।

शालिनी अब अपने दिल की बात कहने लगी..." राघव, वो कमरा गेस्ट रूम नही है और न ही मेरे पापा मेहमान। जैसे तुम इकलौते बेटे हो ,वैसे ही मैं इकलौती बेटी।मेरे भी माता पिता ने मुझे इस काबिल बनाया कि मैं ऐसा घर खरीद सकू।ये घर हम दोनो की कमाई से लिया गया है ।जैसे तुम्हारे माता पिता हक से यहां रहेंगे ,वैसे क्या मेरे माता पिता नही रह सकते??"

" बेटी के घर रहेंगे????" राघव ने आश्चर्य से पूछा।

" क्यों?????? कैसी अजीब बात है ना राघव , तुम इस बात को मानते हो कि ये घर हम दोनो का है। अपने माता पिता के लिए तुम बहुत कुछ करना चाहते हो ,तो फिर क्या एक बार भी तुम्हे ऐसा नहीं लगा कि मैं भी ऐसा सोचती होंगी।

अभी तुमने कहा न कि मम्मी जी पापाजी यहाँ आयेंगे तो हम उनकी सेवा करेंगे .. हम... फिर मेरे मम्मी पापा की बात पर तुम चौक क्यों गए????। एक बहु कभी जो अपने फर्ज से चूक जाए तो वो बुरी बन जाती है लेकिन एक बेटी को तो फर्ज निभाने का मौका ही नही दिया जाता। तुमने बड़ी आसानी से मेरे मम्मी पापा को मेहमान कह दिया।वैसे गलती तुम्हारी नही है ।सदियों से ऐसा ही चला आ रहा है।लेकिन अब जब समय बदल रहा है ,बेटी को अपने फर्ज जरूर निभाने चाहिए। इसके लिए जरूरी है लड़को का बदलना। काश! एक बार तुम्हारे मन में ये बात आती कि मुझे भी तो मेरे मम्मी पापा के लिए कुछ करने की इच्छा होती होगी।"

" शालिनी, मैंने तुम्हे कभी नही रोका।तुम जो चाहे वो करो। " कुछ गुस्से से राघव बोला।

" गुस्सा करने की कोई बात नही।

एक बात कहूं.... तुमने जो अभी कहा न कि ....तुमने मुझे रोका नहीं ,यही सोच बदलनी है। आज तक तुमने अपने मम्मी पापा के लिए जो किया उसके लिए तुमने मुझसे पूछा था?? नही न .. क्योंकि तुमने अपना फर्ज निभाया। तो फिर मुझे तुमसे अनुमति क्यों लेनी पड़े???? उनके यहां आने पर मैं बहु बन सारे फर्ज निभाऊ ये आशा सबकी है तो फिर बेटी बन कुछ करना चाहूं तो प्रश्न क्यो उठते है???"

" अरे! तुम बुला लो उनको , लेकिन वो खुद नही रहेंगे। मां बाप बेटी के घर कभी नही रहते।चाहे तो पूछ लो।" राघव अब भी वही राग गाए जा रहा था।

" मैं जानती हू , वो कभी नही राजी होगे क्योंकि समाज क्या कहेगा...

" अरे! बेटी के घर रहते है??

" अरे! दामाद सब करते है। ..."

"उल्टी गंगा बहा रहे है।...."

"इसलिए बेटा होना जरूरी है ,ताकि बेटी के घर न रहना पड़े...."

और भी ना जाने क्या क्या....

और सबसे बड़ी बात बेटी के माता पिता कभी परिवार वाले नही होते वो तो मेहमान बनकर आते है ,और बेटी दामाद को खुश देखकर आशीर्वाद देकर चले जाते है।बिना अपनी परेशानी बताए।

ये रिवाज इसलिए कभी नही बदल सका क्योंकि बेटी हमेशा चुप रही। कभी उसने बोला ही नही। कभी उसे लगा ही नहीं कि ऐसा हो सकता है। लेकिन अब जब हम सब आधुनिक विचार रखते है तो क्या ये रिवाज बदलना नही चाहिए.....??? " शालिनी ने दिल की सारी बात कह दी। राघव शालिनी को कुछ कुछ समझ तो रहा था लेकिन सालों से चली आ रही परंपरा को बदलना आसान नही था। घर की वास्तु पूजा के लिए सभी आ गए।

पूजा के बाद राघव की मम्मी बोली.." समधन जी , कैसा लगा बेटी का घर??"

" अरे! ये भी क्या पूछने की बात है। दामाद जी ने बहुत सुंदर घर बनाया है।"

काम वाली गौरी कपड़ो की तह कर रही थी ।शालिनी की मां की साड़ी हाथ में लेकर बोली ..." ये साड़ी कहा रखू???"

राघव की मम्मी बोली.." अरे, इसे गेस्ट रूम में रख दो।समधन जी की है और वो बाकी के कपड़े मेरे कमरे में रखना।"

तभी राघव बोला..." गौरी , मम्मी जी और पापाजी(शालिनी के माता पिता) के कपड़े उनके कमरे में रख दो।वो उनका ही कमरा है ,गेस्ट रूम नही।" शालिनी राघव को देख मुस्कुरा रही थी।

29

आशीर्वाद भरा लिफाफा

" अरे!! रश्मि दीदी कैसी हो, एक खुशखबरी देने के लिए फोन किया है।"

भाई मनोहर का चेहरा खुशी से दमक रहा था ।पास उसकी पत्नी रमा भी खड़ी थी।

" क्या, गुड्डी का रिश्ता हो गया!!! यही खबर देने फोन किया ना..बता ना जल्दी।" रश्मि रसोई का काम छोड़ डाइनिंग टेबल की कुर्सी पर बैठ उत्सुकता से बोली।

" हां ,दीदी, कल ही दिल्ली वालो ने रिश्ता पक्का किया, अगले रविवार को सगाई है। बस कुछ लोगो को बुलाकर सगाई करने की बात हुई है। जनवरी में धूमधाम से शादी करेंगे।" मनोहर ने सारी बात बताई।

रश्मि कुर्सी से उठकर कमरे में बैठे पति पवन के पास जाकर इशारा कर बताने लगी की गुड्डी का रिश्ता हो गया।

" अरे! इसी रविवार को सगाई रखी है भैया... अब कैसे इतनी जल्दी सब कुछ होगा.. टिकिट भी न मिलेगी इतनी जल्दी। बच्चों की भी तो परीक्षा है ...। " सगाई पर न जा सकने का दुख रश्मि की आवाज से झलक रहा था।सामने बैठे पति ने भी इशारे से कहा कि अभी नही जा पाएंगे।

रश्मि ने फोन पति को पकड़ते हुए कहा.." लो,मनोहर तुम्हारे जीजाजी बधाई दे रहे है। "

" साले साहब , बधाई हो भाई। बहुत अच्छी खबर है। अच्छी जगह रिश्ता हो गया। वैसे पहले ही सभी को लड़का पसंद था । गुड्डी तो खुश है ना.." आत्मीयता से वे बोले।

पास बैठी पत्नी कैलेंडर देखने लगी और साथ ही साथ उसके दिमाग में खर्चों की एक लिस्ट बनने लगी।हर मध्यमवर्गीय परिवार का बजट ऐसे खर्चों से हिल सा जाता है।

अभी वो अपनी अलमारी में रखी महंगी साड़ी की संख्या याद कर ही रही थी कि पति की आवाज कानों में पहुंची..." अरे ! साले साहब आप चिंता न करो सब अच्छे से होगा और हम सब पहुंच जायेंगे। ऐसा कहकर फोन रख दिया।

" चलो, तैयारी शुरू करिए बुआ जी ।बहुत बहुत बधाई आपको जी।" पवन ने रश्मि के कंधे पर हाथ रख कहा।

" हा, वो तो सब ठीक है ..लेकिन बहुत खर्चा होगा , सबके ३ जोड़ी नए कपड़े ,जाने आने का खर्चा और फिर बुआ की तरफ से भतीजी को अच्छा सा तोहफा भी तो देना पड़ेगा।" सारी खुशी मानो पैसों के बारे में सोच काफूर हो गई।

" देखिए रश्मि जी मेरा तो वो नीला कुर्ता और दिवाली वाली शर्ट है मेरे लिए तो कपड़े लेने की जरूरत नही ।दो साड़ी तुम ले लो। सेकंड क्लास में टिकिट निकल लेंगे और फिर उपहार...." पवन कहते कहते रुक गए।

" जब देखो आप वही कुर्ता पहनते है ।पिछली बार भी अनूप के घर भी वही पहना था। शादी है कोई जन्मदिन थोड़ी ... और फिर सबसे बड़ी समस्या तो गिफ्ट की है। सोने की हल्की सी अंगूठी भी लूंगी तो २० हजार से कम नहीं आएगी। क्या मुंह लेकर जायेंगे। लड़के वाले तो बहुत रईस है । सब पूछेंगे कि बुआ ने क्या दिया तो क्या बोलूंगी... ।इससे अच्छा तो नही जाते शादी में। "देन लेन के रिवाज की तलवार से रश्मि के अरमान मानो धराशाही हो गए।

"काश बचपन जैसा होता कि एक अमरूद के बदले दो चॉकलेट या गुल्लक के ५ रुपए से खरीदा पेन ही बड़ा सा गिफ्ट होता ।या फिर कागज पर भाई के लिए एक कविता लिखना।लेकिन आज.... सबकुछ पैसा ही

है। "

रश्मि के शब्द पवन के कानो से सीधे उसके हृदय तक पहुंच उसे उसकी आर्थिक स्थिति का आइना दिखा रहे थे।

पवन ने रश्मि को गले लगाया ....और बोला.." सुनो, मैं समझता हूं कि तुम्हारा बहुत मन है कि तुम गुड्डी को अच्छा तोहफा दो। एक काम करते है मैं एफ. डी. तुड़वा देता हू। ३० हजार की अंगूठी तो आ जायेगी।

"नहीं,बिल्कुल नही अगले साल बेटे की दसवीं है बहुत फीस होती है तब काम आयेंगे। कुछ और सोचते है।" ऐसा कहकर रश्मि फिर से रसोई के काम में लग गई।

पवन भी गहरी सास ले काम पे लग गया।

दोनो बेटे सारी बात सुन चुके थे। आज की पीढ़ी भले ही हमें गैरजिम्मेदार लगती है लेकिन सचमुच में वे काफी समझदार होते है।

शाम को दोनो बच्चो ने मम्मी से कहा.. " मम्मी, दीदी को शादी में मामा के घर हम नही आ पाएंगे। स्कूल में प्रोजेक्ट है उसी समय । आप और पापा चले जाना।

"अपनी संतान की हर नब्ज जानती है एक मां ।वह जान चुकी थी कि बच्चे खर्च बचाने के लिए ऐसा कह रहे है।रश्मि बोली.." अभी समय है देखते है क्या करना है। तुम लोग पढ़ाई करो।

"रोज सबके फोन आते ,शोपिंग की बात करते । उपहार क्या लेना है इस बात पर डिस्कस करते। बड़ी बहन को कोई कमी नहीं थी पैसों की ,उनसे तुलना करना तो बेवकूफी थी।

भाई ने एक शाम को कांफ्रेंस कॉल किया दोनो बहने और भाई भाभी सब थे।

भाई बोला.." शादी में सबको आना है और कोई उपहार नही लाना । गुड्डी ने कहा है कि उसे शादी में सिर्फ आप सभी का आशीर्वाद चाहिए बस! इसलिए कुछ भी नही लाना, बस जल्दी आ जाना और सारी रस्मों में साथ रहना।

भाभी ने भी कहा.." हा दीदी,जमाई जी भी कोई तोहफा नही लेने वाले ।दोनो बच्चो ने मिलकर ये फैसला लिया है । आप सब जल्दी आ जाना और हम सब बहुत अच्छी तरह से पूरे रीति रिवाज से बच्चो की शादी

करेंगे।

"रश्मि को ये सब सुनकर अच्छा लगा।उसने दीदी से बात की तो वे बोली.." मैं तो कैश ले जाऊंगी ,गुड्डी को जो चाहिए वो ले लेगी।अब शादी में तोहफा तो देना ही चाहिए न।"

रश्मि ने पवन से बात की। वे बोले .."बच्चे तो नही आ रहे ,हम दोनो चलते है ,११हजार का शगुन कर देंगे। सब हो जायेगा।"

रश्मि की मुस्कान कुछ कुछ वापस आई लेकिन बच्चों के बिना कैसे जाए अब ये समस्या उसे सताने लगी।

रश्मि अचानक ही बोल पड़ी.." शादी में जायेंगे तो सब जायेंगे ,वरना कोई नही। वैसे भी गुड्डी ने खास बच्चो से कहा है ।भाभी भी कितनी बार बोली है कि बच्चो को जरूर लाना। चलो सब चलेंगे।कपड़े महंगे नही लेंगे। सब हो जायेगा।

पवन ने भी हामी भरी।

सारी खरीदारी हो गई टिकिट भी आ गई। पवन ने ११हजार भी संभाल कर रख लिए। भाई के घर रौनक लगी थी। बहन और परिवार को देख भाई को आंखे भर आई।

बड़ी बहन भी सपरिवार प्लेन से सुबह ही आ चुकी थी। भाभी ने रश्मि का बहुत प्यार और आदर से स्वागत किया। रश्मि और पवन बहुत खुश थे। बच्चे सीधे अपनी गुड्डी दीदी के पास चले गए।

दीदी और बाकी लोगो के कपड़े बहुत कीमती थे ।रश्मि को अपनी साड़ी बहुत हल्की लगी लेकिन पवन का साथ उसे दुखी न होने देता।

शादी में फिजूल का ताम झाम नही था, लेकिन मेहमानों के स्वागत में कोई कमी नही थी। भाई भाभी खुले मन से सभी का आवकर कर रहे थे। सभी के चेहरे खिले हुए थे। कम खर्च में भी शादी

बहुत अच्छे से हो सकती है इसका अच्छा उदाहरण था।

शादी की रस्मे शुरू हो गई। सभी गुड्डी को तोहफे दे रहे थे लेकिन गुड्डी ने सबको मना किया।

बड़ी दीदी बोली.." गुड्डी, मैं तेरी बुआ हूं मेरा हक है । तू कुछ मत बोल ।ये शगुन है बेटी ले लो।मना मत करो।"

रश्मि भी आ गई और बड़ी दीदी की बात पर सहमति दिखाई।

दोनो बहने लिफाफे लिए खड़ी थी तभी गुड्डी ने लिफाफ लिया और उसमे रखे एक के सिक्के को लेकर माथे से लगाया और बोली.. " लीजिए शगुन रख लिया । " बाकी लिफाफा वापस दे दिया।

गुड्डी उर्फ काव्या आगे बोली ..." मैने और आर्यन ने ये पहले ही तय किया था कि शादी में तोहफे नही लेंगे, बस हमे आशीर्वाद चाहिए। रिश्ता प्रेम से होना चाहिए पैसे से नहीं। हमने आप की तरह ज्यादा दुनिया नही देखी न ही हमे व्यवहार का ज्यादा अनुभव है लेकिन ये जानते है कि अक्सर मजबूत रिश्ते भी पैसों की वजह से टूटते है।शादी में बने रिवाज बेशक महत्वपूर्ण है लेकिन आजकल इनकी परिभाषा कुछ बदल गई है। कभी मामा के लाए उपहार में कमी निकालना तो कभी शगुन के लिफाफे झांकना,कभी सोने के गहनों का वजन देखने के लिए उसे हाथो में लेकर देखना,साड़ी की कीमत आंकना बहुत ही दुखद है। शादी ,जन्मदिन या किसी उत्सव में उपहार यदि मात्र शुभकामनाएं हो तो बहुत ही अच्छा हो। इसलिए आप सभी से अनुरोध है कि आप सभी हमें आशीर्वाद दे ।

रश्मि ने अपनी गुड्डो को गले से लगाया और उसका माथा चूम कर कहा.." मेरी लाडो ,सदा खुश रहना।

"सभी ने उपहार को वापिस लिया और दुल्हा दुल्हन को दिल से ढेर सारा आशीर्वाद दिया।

पवन रश्मि को देख मुस्कुरा रहा था।

30

दूर भी पास भी

सरकारी दफ़्तर में उच्च पद पर आसीन तिवारी जी का एक सुखी परिवार था।एक बेटा आशीष और बेटी तनवी।

बेटी इंजीनियरिंग की पढ़ाई कर नौकरी पर लग चुकी थी और बेटा भी सी ए की पढ़ाई कर रहा था।

तिवारी जी की पत्नी ऊषा जी एक सुलझी समझदार महिला थी। वे एक प्राइवेट कंपनी में काम करती थी। उन्होंने बच्चों को लगभग सारी आज़ादी दी थी कि वे अपने जीवन के निर्णय स्वयं ले सकें।

तनवी के लिए रिश्ते आने लगे और अच्छा घर मिलते ही उसके हाथ पीले कर दिए ।तनवी अपने ससुराल में बहुत खुश थी।

कुछ समय के पश्चात आशीष की नौकरी दूसरे शहर(पुणे) में लग गई। नौकरी बहुत ही अच्छी थी। तिवारी जी का रिटायरमेंट का समय हो चुका था।

तिवारी जी ने जब रिटायरमेंट लिया तब एक बड़ी राशि उनके बैंक में जमा हो गई।

उन्होंने अपने बेटे आशीष से कहा .." बेटा, अब तुम पुणे में नौकरी कर रहे हो तो बेहतर है कि तुम उसी शहर में मकान खरीद लो। मैं तुम्हे रुपए देता हूं और कुछ तुम लोन ले लो।"

आशीष ने कहा.." पापा, आप परेशान न हो ,मैं कुछ साल बाद घर ले लूंगा। "

लेकिन मम्मी पापा का यही सुझाव था कि बेटा जल्द ही एक छोटा ही सही घर ले ले ।

एक साल के भीतर उसने पुणे में एक घर ले लिया।मम्मी पापा , तनवी और उसका पति सभी पुणे आए ।बहुत सुंदर सोसायटी में प्यारा सा घर था ।

तनवी ने भाई से कहा.." भाई, अब तो घर भी है ,नौकरी भी अच्छी है तो शादी के बारे में क्या खयाल है?"

आशीष कुछ झेप सा गया।

मम्मी ने आशीष की आंखे मानो पढ़ ली वे बोली.." बेटा, कोई पसंद हो तो झिझकना मत ,हमे बताना । हमें कोई दिक्कत नही है।"

आशीष ने मां को बताया कि ऑफिस में उसके साथ काम करने वाली राधिका उसे पसंद है ।

मम्मी पापा ने अगले दिन राधिका के घर फोन कर राधिका के पिता से बात की और दोनो परिवार दो दिन बाद मिले।

राधिका आशीष की जोड़ी बहुत अच्छी थी।दोनो परिवारों की सहमति से रिश्ता तय हो गया और चार महीने बाद शादी का मुहूर्त भी निकल गया।

आशीष के माता पिता का घर नासिक में था। वे दोनो बहुत ही सक्रिय थे,स्वाथ्य को लेकर भी सजग थे।

आशीष अपनी मां से बोला..." मम्मी ,आप और पापा अब नासिक छोड़ दो । यहां आकर रहो।सब साथ रहेंगे बहुत अच्छा रहेगा।"

बेटे की बात सुन मम्मी के चेहरे पर मुस्कान आ गई।वो बोली .." हां ,बेटा जरूर लेकिन पहले तुम और राधिका अपने नए जीवन की शुरुआत तो करो।"

बहुत धूमधाम से उनकी शादी हुई ,दोनो का वैवाहिक जीवन आरंभ हुआ।

राधिका ने आशीष से पूछा.." क्या मम्मी पापा हमेशा नासिक में रहेंगे?? यहां पुणे नही आयेंगे??"

आशीष ने जवाब दिया.." राधिका ,शायद उन्हें वहा ज्यादा अच्छा लगता है। उनके दोस्त और रिश्तेदार भी है वहा। वैसे मैंने उनसे कहा था

कि यहां हमारे साथ रहिए लेकिन.."

बात आई गई हो गई।

छुट्टियों में, त्याहरो में वे आपस में मिलते।

राधिका को सास ससुर का स्वभाव बहुत भाता क्योंकि वे बड़े बनकर अच्छे सुझाव अवश्य देते किंतु कभी दखल नहीं देते ।

तीन साल बाद राधिका ने घर में नन्हे मेहमान के आने की खुशखबरी दी।

अब तो माता पिता की खुशी का ठिकाना ही नहीं था।

राधिका के पिता ने आशीष के पिता को फोन किया और कहा.." जी , बधाई हो! दादाजी बनने वाले है आप।अब तो आपको पुणे आना पड़ेगा। राधिका को भी आप लोगो के साथ अच्छा लगता है फिर आप क्यों नही आते ."

अबकी बार आशीष ,राधिका और तनवी सभी लगभग पीछे ही पड़ गए कि उन्हें अब नासिक छोड़ पुणे आ जाना चाहिए।

तिवारी जी और उनकी पत्नी भी अब पुणे जाने के लिए मन बना चुके थे।

नासिक का घर उन्होंने बेच दिया और पुणे शिफ्ट होने की तैयारी में जुट गए।

राधिका और आशीष बहुत खुश थे ।

करीब पांच महीने बाद नासिक से उनका सामन ट्रांसपोर्ट से पुणे आ गया।

तिवारी जी और उनकी पत्नी भी पुणे के लिए टैक्सी से निकल गए,साथ में तनवी भी थी।

आशीष और राधिका उनका इंतजार कर रहे थे।

जैसे ही उन्होंने टेक्सी देखी वे खुशी से झूम उठे।

पीछे से ट्रक आया तो आशीष आश्चर्य से बोला.." अरे! ये किसका समान है??"

मम्मी ने कहा.." बेटा ,हमारा ही है।"

"अरे! लेकिन सारा सामान है यहां , फिर..." आशीष आश्चर्य से बोला।

" सर, सामान कहा उतारना है?" ट्रक वाले ने पूछा।

" बस ,आगे बी बिल्डिंग में उतारो, ३०४ नंबर का घर है।" पापा ने जवाब दिया।

" पापा, 'बी' नही 'ए' में है घर।" आशीष ने कहा।

" आशीष, मम्मी पापा ने बी बिल्डिंग में अपना घर खरीदा है। " तनवी ने राज़ खोला।

" इसका मतलब आप हमारे साथ नहीं रहेंगे??" राधिका ने उदास होकर पूछा।

" बेटा, हम यही है,तुम्हारे साथ, बस एक बिल्डिंग दूर।" मम्मी ने बहु को गले लगाते हुए कहा।

" पापा ,क्यों किया आपने ऐसा?? क्या हम लोग साथ नहीं रह सकते??" आशीष ने कहा।

" अभी,बाकी बाते घर पर करेंगे ,पहले सामान रखवा लेते है।" पिताजी ने सबसे कहा।

शाम को सब एक साथ बैठे ।

" आशीष, पापा - मम्मी ने ये निर्णय बहुत सोच समझ कर लिया है, मुझे भी उनका यह निर्णय सही लगा। पिछली बार जब पापा कुछ काम है कहकर पुणे आए थे तब यही काम था।उन्होंने तुझे और राधिका को नहीं बताया क्योंकि वे जानते थे कि तुम लोग नही मानोगे।" तनवी ने भाई को समझाया।

" बेटा, इतने साल हम अपनी जिंदगी अपने हिसाब से जीते आए है, तुम लोग भी अपने तरीके से जी रहे हो। हो सकता है यदि हम साथ रहे तो हमारे बीच कुछ परेशानियां या कुछ मतभेद हो और फिर छोटी-छोटी बातों पर बहस या लड़ाई। यह सब ना हो इसीलिए हमने एक अलग घर खरीद लिया है ताकि हम तुम्हारे साथ भी रहे, तुम्हारे पास रहे और सब खुश रहें। राधिका की डिलीवरी अच्छे से हो जाएगी और हमारा पोता या पोती हमारे सामने बड़ा होगा। लेकिन रोजमर्रा कि हमारी आदतें एक सी नहीं हो सकती, इसलिए बेहतर है कि हम अलग-अलग रहे। हम चाहते हैं कि तुम आगे का अपना जीवन अपनी तरह से जियो ,अपने जीवन के हर एक निर्णय तुम अपने हिसाब से लो। हम तुम्हारे साथ हैं ,जब भी तुम्हें लगे कि तुम्हें तुम्हारे माता-पिता की जरूरत है तुम बेशक हमसे बात कर

सकते हो।" मां ने अपने बेटे आशीष को बहुत प्यार से समझाया।

राधिका की आंखों में आंसू थे। राधिका चाहती थी उसके सास-ससुर उसके साथ रहे लेकिन सास ससुर की समझदारी भरी बात सुनकर उसे भी उनका यह निर्णय सही लगा ।

तभी तनवी बोल पड़ी .."आज हम सब साथ में है इतना बड़ा दिन है मैं बुआ बनने वाली हू,अब सब लोग इमोशनल होना बंद करो और चलो सेलिब्रेट करो।" उसने अपने भाई के सर पर टपली मारते हुए कहा..." अरे! बहन घर आई है ,आज तो कुछ अच्छा खाना ऑर्डर कर भाई ।"

आशीष ने अपनी बहन को गले लगाया और अपने माता पिता की आंखों में देखकर मानो उनसे कह रहा हो.. शायद उन्होंने जो निर्णय लिया वह सही ही लिया।

राधिका अपनी सास के गले लग गई।

31

मास्टर

मई महीने की तपती धूप थी।पंद्रह साल का मास्टर , हा....मास्टर यही नाम दिया था उसे लोगो ने, क्योंकि उसके माता पिता तो थे नहीं ,अनाथ को जो दुनिया वालो ने नाम दिया उसने स्वीकार कर लिया।।

मास्टर भी सड़क के किनारे फुटपाथ पर अपने ही जैसे लडको के साथ रहता।कभी सड़क पर प्लास्टिक बॉटल इकठ्ठी कर बेचता ,तो त्योहारों के समय कभी दीपावली के दीए ,कभी रंगोली ,कभी सैंटा की टोपी सिगनल पर बेचता ।उसके लिए सारे त्योहार खास थे।सभी त्योहार मनाता था।

मास्टर के थिगड़े वाले कपड़े, रूखे बाल,शरीर पर मैल और आंखों में थे कुछ सवाल ....." मेरा क्या कसूर था ???कौन हूं मैं??? क्या यूंही मुझे सड़क पर जिंदगी बितानी होगी????"

कभी पुलिस तो कभी गुंडे उन बच्चो को डराते,मारते।मास्टर को इतना बुरा नही लगता ।वो हसते हुए उनकी चोट को सहन कर लेता।उसके दिल को ठेस तो तब पहुंचती जब उसकी ही उम्र का कोई बच्चा अपने माता पिता के साथ मास्टर के पास से गुजरता ,तब उसे लगता, काश ! उसका भी परिवार होता!

मास्टर आज भी अपने हाथ में कुछ प्लास्टिक के खिलौने लेकर, सिगनल पर हर आती जाती कार के शीशे पर बेचने की कोशिश करता। कुछ उसे दया से देखते तो कुछ भगा देते, कुछ बिना समान लिए उसे

कुछ पैसे दे देते। मास्टर आज चिलचिलाती धूप से झुलस सा रहा था।

कुछ आराम करने की चाहत में मास्टर फुटपाथ के आइसक्रीम पार्लर के बाहर जाकर बैठ गया।

दुकानवाले ने भी उसपर दया दिखाकर उसे बैठने दिया। बंद दरवाजे से भी हल्की ठंडी हवा उसे आराम दे रही थी।

तभी एक परिवार अपनी कार से उतर आइसक्रीम पार्लर के करीब पहुंचा।बाहर बैठे मास्टर को देख पिता ने नाक भौं सिकोड़ी और इशारे से उसे हटने कहा।

बेचारा मास्टर उठकर कुछ दूर खड़ा हो गया।

आइसक्रीम पार्लर का दरवाज़ा खोल वो परिवार भीतर गया और बेटे के पसंद की आइसक्रीम खरीदी और वही बैठ ठंडी ठंडी आइसक्रीम का लुफ्त उठाने लगे। तभी कुछ आवाज ने मास्टर का ध्यान खींचा ,उसने देखा कुछ लोग उस परिवार की कार को टो करके ले जाने वाले थे।

मास्टर ने तुरंत दरवाज़ा खोल उस कार के मालिक को बताया।

वह दौड़ा दौड़ा बाहर आया और पीछे पीछे उसकी पत्नी और बेटा भी आ गए।

करीबन पांच 10 मिनट की गुजारिश और मिन्नतों के बाद उन लोगों ने कार टो नही की ,बस फटकार लगा दी।

वह शख्स कार में बैठकर अपने परिवार के साथ चला गया उनके जाते ही मास्टर वापस काम पर लगने ही वाला था, कि उसने देखा कि इस दौड़ा भागी में उस आदमी का पर्स जमीन पर गिरा हुआ है ।

धूप तेज थी और वहां कोई नहीं था। मास्टर ने उस पर्स को उठाया। देखा तो उस पर्स में काफी सारे रुपए थे। 500 के कई नोट थे, कार्ड भी थे।

मास्टर उस पर्स को लेकर उस दुकान के बाहर जाकर बैठ गया। कार तो दूर जा चुकी थी। उसके मन में सिर्फ एक ही ख्याल था की यह पर्स उस शख्स को वापस कैसे दिया जाए???

यह जानते हुए भी कि उस पर्स के जो पैसे हैं उसके काफी काम आ सकते हैं लेकिन उस छोटे से बच्चे के मन में यह गलत ख्याल नहीं आया और वह तुरंत आइसक्रीम पार्लर के अंदर गया और उनसे बोला .....''यह पर्स उनका था जो अभी यहां आए थे रास्ते में गिर गया है। क्या आप

उन्हें जानते हैं???? तो उन्हें फोन करके बता सकते हो तो उन्हें उनके पैसे वापस मिल जाएंगे।"

आइसक्रीम पार्लर वाले ने जैसे ही पर्स खोला। उसके दिल में कुछ और ही खयाल आया कि इतने सारे रुपए और क्रेडिट कार्ड काफी काम आ सकते हैं और किसे पता चलेगा कि यह पर्स किसका था.... लेकिन उसके सामने खड़ा मास्टर उसे याद दिला रहा था कि किसी और की चीज को रख लेना सही नहीं होता।

आइसक्रीम पार्लर वाले ने तुरंत ही मास्टर से कहा......" मास्टर ,क्यों पर्स वापस देने आया???? तू रख लेता..... तेरे कितने काम आते यह पैसे ।"

मास्टर ने अपने हाथों को झटकते हुए कहा...." क्या कह रहे हो आप.... कितने दिन चलते यह पैसे .....और जो मेरा नहीं मैं उसे कैसे रख लूं.... अपनी मेहनत से कमा लूंगा ।किसी और का पैसा मेरे भले के लिए हो सकता है???

देख लो यदि आपको उनका नंबर मिल जाए तो उन्हें लौटा देना। मैं जाता हूं।"

ऐसा कहकर मास्टर दुकान से चला गया।

आइसक्रीम पार्लर वाले ने उस शख्स के पर्स को ठीक से देखा तो उनका विजिटिंग कार्ड था। उस पर फोन करके उसने बताया कि ...आपका पर्स पार्लर में है ,आकर ले जाएं।

शाम होते होते वह शक्स वापस वहां आया और अंदर आकर बोला...." अरे! भाई अच्छा हुआ यह पर्स तुमने रखा और फोन करके मुझे बताया। यह पैसे तो चलो ठीक है ,लेकिन इसमें मेरे क्रेडिट कार्ड और पैन कार्ड है, जो किसी के हाथ लग जाते तो बहुत नुकसान हो जाता। भाई बहुत-बहुत शुक्रिया तुम्हारा। आजकल ऐसे ईमानदार लोग कहां मिलते हैं ।"

आइसक्रीम पार्लर वाला बोला.." यह लीजिए सर आपका पर्स, लेकिन धन्यवाद मुझे नहीं किसी और को करना चाहिए। दोपहर में जो लड़का बाहर बैठा था उसी ने यह पर्स देखा और तुरंत आकर मुझे दिया। एक बार को तो मेरी खुद की नियत बिगड़ गई थी ।सर लेकिन उसी ने कहा कि जो पैसा हमारा नहीं उसे हम कैसे रख सकते हैं और तभी मैंने आपको भी

फोन किया।"

यह बात सुन पर्स के मालिक ने पर्स को हाथ में लेते हुए उससे पूछा....." वह लड़का कहां है????"

पार्लर वाला बोला....." यही कही होगा बाहर, दुकान के आस पास ही बैठा रहता है आजकल।"

बाहर आकर उसने देखा तो मास्टर पास की दुकान में बड़ा पाव खा रहा था। पार्लर वाले ने उसे आवाज देकर बुलाया...." मास्टर ,इधर आ जल्दी।वो पर्स वाले आए हैं, तुझे बुला रहे हैं।"

मास्टर ने फराफट वड़ा पाव खत्म किया और जल्दी से हाथ को अपने शर्ट से पोछा ।

दोपहर को जिसने उसे देख नाक भौं सिकोड़ी थी अभी वह मास्टर की इस इमानदारी से बहुत प्रभावित था और मास्टर के प्रति उनकी भावना ही बदल गई।

मास्टर के कंधे पर हाथ रख उन्होंने कहा....." बहुत बढ़िया बेटा, तुमने यह पर्स लौटा कर बहुत अच्छा काम किया ।यह लो ₹500 रखो। "

मास्टर ने उस ₹500 को देखते ही कहा...." यह पर्स मैं नहीं देता, तो यह सारे पैसे मेरे ही होते हैं। यह ₹500 आप ही रखिए मुझे इसकी जरूरत नहीं है। "

आज उस 15 साल के बच्चे कि इस बात ने उसे कहीं ऊपर पहुंचा दिया और वह शख्स उसके सामने बहुत बौना नजर आ रहा था।

मास्टर तुरंत ही उस दुकान से चला गया, लेकिन एक बात उस शख्स के दिमाग में डाल कर गया कि.... आज कार में घूमने वाला वह शख्स उस छोटे से बच्चे के सामने बहुत बड़ा गरीब था और आज मास्टर ने साबित कर दिया इंसान की नीयत सबसे बड़ी चीज होती है।

सारी रात जहां मास्टर सुकून की नींद सो रहा था वही वह शख्स बेचैन था। कुछ करना चाहता था उस लड़के के लिए।

पत्नी से बात की तो पत्नी ने भी उनसे यही कहा कि...." इस लड़के के लिए हमें जरूर कुछ करना चाहिए। बिना माता पिता का ये अनाथ अपने जीवन में बहुत कुछ कर सकता है यदि मदद का एक हाथ मिले तो"

उन्होंने अगले ही दिन जाकर उस लड़के से कहा..." बेटा, हम चाहते हैं कि तुम पढ़ो और बहुत बड़े आदमी बनो। इसलिए हम तुम्हारी पढ़ाई का पूरा खर्चा देने के लिए तैयार है। हम तुम्हारा दाखिला स्कूल में करवाएंगे।

मास्टर बहुत खुश था। वह पढ़ना चाहता था। उसने कहा...." आप ऐसा कर सकते हैं तो बहुत अच्छा होगा और बड़ा होकर जब मैं कुछ कमाने लगूंगा, तो मैं आपके सारे पैसे चुका दूंगा।"

एक महीने के भीतर उसका स्कूल में दाखिला करवाने फॉर्म भरा गया जिसपर उसका नाम लिखा गया ' सत्यप्रकाश '।

32

डोर

घर के बाहर लगी लकड़ी की नेम प्लेट जहां लिखा था श्रेया का घर।

दीपिका हमेशा से चाहती थी कि उसे एक प्यारी सी बेटी हो और ईश्वर ने उसकी मनोकामना पूरी की।

जब से वह माँ मां बनी तब से दीपिका ने श्रेया के लिए मानो अपने जीवन का हर एक पल उसके नाम कर दिया।

श्रेया श्रेया और श्रेया..... यहां तक कि दीपिका के पति अर्जुन भी अक्सर कहते .. श्रेया के आने के बाद वह उसे भूल गई।

तब दीपिका कहती... मेरी श्रेया है ही इतनी प्यारी बस लगता है उसे खूब प्यार दूं दुनिया की सारी खुशियां उस पर लूटा दूं।

श्रेया के दो साल के होते ही दीपिका ने उसका एडमिशन पास की एक नर्सरी में करवा दिया ताकि श्रेया किसी से भी पीछे ना रहे। दीपिका अपने सास-ससुर पति का भी बहुत अच्छी तरह ध्यान रखती लेकिन श्रेया को लेकर कोई समझौता नहीं करती।

श्रेया भी अपनी माँ की हर बात मानती। श्रेया के चार साल के होते ही शहर की सबसे बेहतरीन स्कूल में उसका दाखिला करवा दिया। अब तो दीपिका का काम दोगुना हो गया। श्रेया की हर एक टीचर से वो समय समय पर मिलती बात करती। श्रेया की पढ़ाई को लेकर वो बहुत ही सचेत रहती।

अर्जुन कहते कि सब बच्चे समय के साथ सीख जाते है तुम परेशान ना हो लेकिन दीपिका नहीं सुनती।

स्कूल में श्रेया लिखने में पीछे रह जाती तो पास में ही उसे राइटिंग की क्लास लगवा दी।

सुबह श्रेया स्कूल जाती उसके बाद दीपिका मंदिर जाती गौशाला जाती बाजार से सामान लाती। श्रेया के जन्मदिन को वह बहुत खास बना देती। अर्जुन कहते ...बाजार से सब आ जायेगा तुम क्यों परेशान होती हो ....तो कहती.... नहीं माँ के हाथ का स्वाद बाजार के खाने में न आ पाएगा।

श्रेया का दसवां जन्मदिन आ गया। श्रेया स्कूल में बहुत अच्छा करने लगी। डांस, स्विमिंग भी सीख गई थी। दीपिका श्रेया के सभी दोस्तों को जानती थी।

श्रेया की पढ़ाई बढ़ने लगी थी इसलिए एक ट्यूशन टीचर घर पर आने लगी ताकि श्रेया को दिक्कत न हो। सब सही चल रहा था। लेकिन एक दिन दीपिका के पति अर्जुन की तबीयत खराब हुई और उन्हें अस्पताल में भर्ती किया गया। डॉक्टर का कहना था कि अर्जुन को दिल का दौरा पड़ा था लेकिन वो खतरे से बाहर था लेकिन भविष्य में बहुत सचेत रहना होगा।

दीपिका को अब अर्जुन के काम में मदद करनी पड़ती। श्रेया अकेले सब मैनेज करने लगी थी।

दीपिका भी सोचने लगी कि श्रेया को सब कुछ आना ही चाहिए। ना जाने कब जरूरत पड़ जाए।

श्रेया अब कक्षा 10वीं में आ गई और दीपिका की दिन रात की नींद मानो चली गई। श्रेया स्कूल में पहले तीन नंबर में आती थी लेकिन दीपिका चाहती थी कि वो पहले नंबर पर आए।

स्कूल की तरफ से कक्षा दसवीं के बच्चों को फेयरवेल दिया गया। सभी बच्चें बहुत खुश थे। परीक्षा को अब मात्र एक महीना रह गया था। श्रेया स्कूल से घर आकर आराम से बैठकर मम्मी से सारी बातें बताने लगी। रात के खाने की तैयारी हो चुकी थी। आज दीपिका ने श्रेया के लिए खास पनीर की सब्जी और नान बनाई थी।

खाना खाकर श्रेया बोली.." मम्मी स्कूल में आइसक्रीम भी थी लेकिन मुझे अच्छी नहीं लगी मुझे तो मैंगो ही पसंद है जो आप लाती है।"

दीपिका बोली.." अभी ला देती हूं आज खा ले बाद में कुछ ठंडा मत खाना परीक्षा आ रही है ना।"

ऐसा कहकर दीपिका ने पैसे लिए और सड़क पार कर आइसक्रीम खरीदकर वापस आने लगी कि तभी.....

एक तेज़ गति से चली आ रही बाईक ने टक्कर मारी और दीपिका कही दूर जा गिरी।

लोगो की भीड़ जम गई तुरंत ही अर्जुन और श्रेया भी आ गए। अर्जुन तुरंत दीपिका को लेकर अस्पताल भागा। श्रेया कुछ बोल ही नहीं पा रही थी ....

अस्पताल में डॉक्टर ने बताया कि दीपिका के ब्रेन में चोट आई है। ४८ घंटे में यदि दवा का असर न हुआ तो कुछ नहीं कर पाएंगे।

दीपिका की सांसे चलती रहे बस यही दुआ सब कर रहे थे। सभी को विश्वास था कि दीपिका श्रेया के लिए मौत से भी लड़ जाएगी।

श्रेया अभी भी सदमे में थी।उसे लगा उसकी वजह से .....। घर पर मौसी ने उसे संभाला।

अर्जुन दीपिका का हाथ पकड़ बोला.." श्रेया का क्या होगा?? तुम कैसे चली जाओगी...तुम नहीं जा सकती ऐसे.. श्रेया की माँ कमज़ोर नहीं है। दीपिका वापस आ जाओ अपनी श्रेया के लिए।"

समय बीत गया लेकिन दीपिका सभी का विश्वास तोड़ चली गई। श्रेया को बताना जरूरी था। श्रेया पर क्या असर होगा?? ये सोचकर सभी चिंतित थे।

श्रेया को बताया गया। श्रेया मानो अंदर तक टूट गई। छोटी सी बच्ची कैसे अपनी माँ के बिना रहेगी।

अगले कुछ दिन सभी ने श्रेया को संभाला। श्रेया को दिन रात अपनी माँ ही दिखाई देती। दीपिका कहती.." मेरी लाडो मेरी परी मेरी बिटिया उदास क्यों है???? मैं हूँ ... हमेशा तेरे साथ.... देख तू पढ़ाई कर तुझे डॉक्टर बनना है ना...चल उठ पढ़ रोना बंद कर।"

श्रेया ने अपनी माँ को खोया लेकिन वो उनका सपना नहीं भूली। माँ की मृत्यु ब्रेन हेमरेज की वजह से हुई। उसने ठान ली कि वो एक न्यूरो सर्जन बनेगी।

दीपिका की हर बात उसे याद थी। श्रेया को लाड करने वाली दीपिका अब नहीं थी लेकिन हिम्मत देने के लिए वो अक्सर श्रेया के सपनों में आती।

दसवीं की परीक्षा देते समय श्रेया सबसे कहती.." मेरी माँ के लिए मुझे अच्छे नंबर लाना है।"

स्कूल में टॉप करने के बाद बारहवीं में भी बहुत अच्छे नंबर से पास हो गई। अर्जुन भी संभल चुका था। श्रेया ने दादा दादी को भी संभाल लिया।

अब बारी थी मेडिकल की। दीपिका का आशीर्वाद सदा श्रेया के साथ था।

आठ नौ साल बीत गए। अर्जुन अपने पिता को खो चुका था।

आज श्रेया न्यूरो सर्जन बन चुकी थी। प्लेन में बैठी सोच रही थी कि आज माँ होती तो कितनी खुश होती। बादलों के बीच अपनी माँ को तलाश करने लगी तभी दीपिका का चेहरा उसे दिखा। उसकी माँ गर्व से मुस्कुरा रही थी जिसे देख श्रेया की आंखे छलक उठी।

घर में भी अर्जुन ने श्रेया के स्वागत की सारी तैयारी कर ली थी। आज श्रेया ने अपनी माँ का सपना पूरा कर लिया था। श्रेया घर पहुंची दादी ने आरती उतारी और भीतर बुलाया। अर्जुन ने एक इशारा किया ...

श्रेया ने देखा घर के बाहर लगी नेमप्लेट पर लिखा था... डॉ श्रेया का घर।

ये नेमप्लेट दीपिका ने बहुत पहले बनवा ली थी। श्रेया उस नेमप्लेट को देखती रही उसे इस बात का सुकून था कि वो माँ का सपना पूरा कर सकी।

33
पहली कमाई

"हां, भैया बस बस यहीं रोक दीजिए।" राखी ने रिक्शे वाले से कहा।

"ये लीजिए भैया ३० रुपए।" राखी ने अपने काले पर्स से एक २० और एक १० रूप की नोट निकालकर रिक्शेवाले को दिए।

पर्स की चेन बंद कर वो बड़े बाजार की एक साड़ी की दुकान में पहुंच गई।

"आईए, दीदी आईए न...." दुकान के बाहर खड़े युवक ने कहा।

राखी ने दुकान का नाम पढ़ा तो नाम था "कोठारी साड़ीज"

उसे याद आया कि मम्मी हमेशा "बावरी" नाम की दुकान से साड़ी लेती है। बाजार की भीड़ में उसने नजर घुमाई तो देखा दो दुकान छोड़ कर ही बावरी दुकान थी।

वो तेज़ तेज़ चल दी और दुकान के भीतर पहुंच गई।

बड़ी सी दुकान, हजारों साड़ियाँ थी वहां। सारी साड़ियाँ एक से बढ़कर एक। दुकान में तीन महिलाएं भी कई सारी साड़ियों के बीच एक साड़ी सिलेक्ट करने में लगी थी।

राखी भी चप्पल निकालकर दुकान में बिछी सफेद गद्दी में बैठ गई। दुकान वाले ने पूछा.." दीदी, कैसी साड़ी चाहिए??"

राखी ने सामने रखी एक हल्की पीली साड़ी की तरफ़ उंगली कर इशारा किया और कहा..." ये वाली.."

दुकान वाले ने साड़ी दिखाई, उसके बाद कुछ और भी साड़ियाँ दिखाई।

राखी बहुत परेशान हो गई कि कौन सी साड़ी ली जाए। उसके पास पूरे ५०० रुपए थे। जी ये बात है १९९९ की। राखी बहुत खुश थी। उसने कुछ सोचा फिर एक और साड़ी चुनी। तब तक बाकी महिलाएं साड़ी लेकर जा चुकी थी।

कुछ देर बाद वो साड़ी का बिल चुकाकर रिक्शा कर घर पहुंची। शाम के ६ बजे थे। मम्मी परेशान खड़ी थी। राखी के घर आते ही बोली..." अरे! कहा थी, कितनी देर लगा दी।"

राखी बोली.." मम्मी, अंदर तो आने दो।"

राखी हाथ मुंह धोकर सोफे पर बैठी और मम्मी को भी बिठाया और कहा..." मम्मी, आंखे बंद करो।"

"लो, अब ये सब क्या है..." आंख बंद कर मम्मी बोली।

राखी ने तुरंत साड़ी बैग से निकाली और साड़ी का पल्लू मम्मी के कंधे पर रख बोली...."अब आंखे खोलो।"

" अरे! वाह, बहुत अच्छी साड़ी है। कितनी सुंदर और रंग मेरा और छोटी का फेवरेट ... तुम लाई मेरे लिए????"

"हां, मम्मी आपके लिए, मेरी पहली कमाई से।" राखी ने गर्व से कहा।

"खुद के लिए क्या लाई???? " मम्मी ने पूछा।

"मम्मी, आज मुझे बहुत खुशी हो रही है कि मैं आपके लिए कुछ ला सकी। मेरे लिए तो आप बहुत कुछ करती हो।"

"मम्मी, ये वाली साड़ी है चाची के लिए। जो न जाने क्यों हमसे रूठकर होकर अलग हो गई। मैं आज उनको ये साड़ी देकर उन्हें वापस ले आऊंगी।" राखी ने बैग से दूसरी साड़ी दिखाते हुए मम्मी से कहा।

"अरे! ये तो बिल्कुल एक सी है। तू चाची को बहुत प्यार करती है। जा देकर आ उन्हे, शायद मान जाए।" मम्मी ने बेटी से कहा।

राखी साड़ी लेकर चाची के घर गई। चाची ने बिना कुछ कहे दरवाजा खोला।

राखी ने अपनी चाची से कहा...." चाची, ये मेरी पहली कमाई से मैने आपके लिए साड़ी खरीदी है। चाची मुझे नहीं मालूम कि आपके और मम्मी के बीच क्या हुआ कि आप रूठ गई और अलग हो गई। आप दोनों

अब बात तक नहीं करती; ये देख मुझे बहुत दुख होता है। चाची क्या आप मेरे लिए सब भूल नहीं सकती?? आप भले ही एक साथ रहने की न सोचे लेकिन क्या ये आबोलापन दूर नहीं हो सकता?? यदि आप मम्मी से नाराजगी छोड़ने के लिए मान जाए तो प्लीज चाची आप रविवार को ये साड़ी पहन मम्मी के जन्मदिन पर घर आ जाना।"

राखी इतना कहकर घर चली गई।

रविवार की शाम घर पर पकवान टेबल पर रख दिए गए, केक भी मंगवाया गया। बस राखी को चाचा चाची का इंतजार था। काफी देर हो गई लेकिन वो नहीं आई।

राखी के पापा ने कहा..." चलिए, केक काट लीजिए।"

राखी भी हताश हो गई।

"हैप्पी बर्थडे दीदी......" ऐसा कहकर चाची वही वाली साड़ी पहनकर आ ही गई।

"छोटी तुम आ गई, कितनी प्यारी लग रही हो।" मम्मी ने चाची को गले लगाते हुए कहा।

"राखी बिटिया की पहली कमाई की ये दो एक जैसी सिंथेटिक साड़ी ने तो कमाल कर दिया, देवरानी जेठानी फिर सहेलियां बन गई।" चाचा ने भतीजी राखी के सिर पर हाथ रख कहा।

पापा बोले.." हम हजारों का तोहफा देकर भी ये नहीं कर सकते थे, जो बिटिया ने अपनी कमाई के पैसे से कर दिया।"

देवरानी जेठानी दोनों एक जैसी साड़ी पहने बहुत खुश थी।

राखी को लगा.... कि उसकी पहली कमाई पर भगवान का आशीर्वाद था जिसकी वजह से ये हुआ। ये कमाई अनमोल है।

www.ingramcontent.com/pod-product-compliance
Lightning Source LLC
Chambersburg PA
CBHW061305120726
48001CB00001B/493